Marcus Damm

Der schemapädagogische Handwerkskoffer

30 praktische Methoden zum Konfliktmanagement
in Schule und sozialer Arbeit

Mit Online-Materialien

SCHEMAPÄDAGOGIK KOMPAKT

herausgegeben von Dr. Marcus Damm

ISSN 2191-186X

7 *Marcus Damm und Marc-Guido Ebert*
 Das Schemapädagogische Selbstkontroll-Training (Sek. 1)
 Didaktik und Methodik eines neuropädagogischen Konzepts zum Umgang mit schwierigen Schülern
 inkl. Arbeitsmaterialien + DVD – für Eingewöhnungs- und Studientage
 ISBN 978-3-8382-0200-6

8 *Marcus Damm und Marc-Guido Ebert*
 Das Schemapädagogische Selbstkontroll-Training (Sek. 2)
 Didaktik und Methodik eines neuropädagogischen Konzepts zum Umgang mit schwierigen Schülern
 inkl. Arbeitsmaterialien + DVD – für Eingewöhnungs- und Studientage
 ISBN 978-3-8382-0360-7

9 *Marcus Damm*
 Persönlichkeitsstörungen verstehen in der Schule, Schulsozialarbeit und Jugendhilfe I
 Schemapädagogik bei Narzissten, Histrionikern, antisozialen und Borderline-Persönlichkeiten
 inkl. Arbeitsmaterialien + DVD
 ISBN 978-3-8382-0290-7

10 *Marcus Damm*
 Persönlichkeitsstörungen verstehen in der Schule, Schulsozialarbeit und Jugendhilfe II
 Schemapädagogik bei Paranoikern, Schizoiden, Sadisten und selbstverletzenden Heranwachsenden
 inkl. Arbeitsmaterialien + CD
 ISBN 978-3-8382-0300-3

11 *Marcus Damm*
 Persönlichkeitsstörungen verstehen in der Schule, Schulsozialarbeit und Jugendhilfe III
 Schemapädagogik bei passiv-aggressiven, zwanghaften, dependenten und ängstlichen Heranwachsenden
 inkl. Arbeitsmaterialien + CD
 ISBN 978-3-8382-0310-2

12 *Marcus Damm*
 Der schemapädagogische Handwerkskoffer
 30 praktische Methoden zum Konfliktmanagement in Schule und sozialer Arbeit
 Mit Onlinematerialien
 ISBN 978-3-8382-0530-4

Marcus Damm

DER SCHEMAPÄDAGOGISCHE HANDWERKSKOFFER

30 praktische Methoden zum Konfliktmanagement
in Schule und sozialer Arbeit

Mit Online-Materialien

ibidem-Verlag
Stuttgart

Bibliografische Information der Deutschen Nationalbibliothek
Die Deutsche Nationalbibliothek verzeichnet diese Publikation in der Deutschen Nationalbibliografie; detaillierte bibliografische Daten sind im Internet über http://dnb.d-nb.de abrufbar.

Bibliographic information published by the Deutsche Nationalbibliothek
Die Deutsche Nationalbibliothek lists this publication in the Deutsche Nationalbibliografie; detailed bibliographic data are available in the Internet at http://dnb.d-nb.de.

Coverbild: Fondo Abstracto © Pakmor #4540264. www.fotolia.de

∞

Gedruckt auf alterungsbeständigem, säurefreien Papier
Printed on acid-free paper

ISSN: 2191-186X

ISBN-13: 978-3-8382-0530-4

© *ibidem*-Verlag
Stuttgart 2013

Alle Rechte vorbehalten

Das Werk einschließlich aller seiner Teile ist urheberrechtlich geschützt. Jede Verwertung außerhalb der engen Grenzen des Urheberrechtsgesetzes ist ohne Zustimmung des Verlages unzulässig und strafbar. Dies gilt insbesondere für Vervielfältigungen, Übersetzungen, Mikroverfilmungen und elektronische Speicherformen sowie die Einspeicherung und Verarbeitung in elektronischen Systemen.

All rights reserved. No part of this publication may be reproduced, stored in or introduced into a retrieval system, or transmitted, in any form, or by any means (electronic, mechanical, photocopying, recording or otherwise) without the prior written permission of the publisher. Any person who does any unauthorized act in relation to this publication may be liable to criminal prosecution and civil claims for damages.

Printed in Germany

Inhalt

Vorwort 7

Einstieg ins Thema – Warum ohne Beziehung „nix" geht 11

1. Konstruktiver Umgang mit herausfordernden Kindern 25

1.1	Der schemapädagogische Handwerkskoffer (für das Grundschulalter)	27
1.1.1	Schemascreening	28
1.1.2	Stühlearbeit	31
1.1.3	Modusinterview (Exploration)	32
1.1.4	Das Nach-den-fünf-Minuten-Memo	34
1.1.5	Humorvoll-empathische Stühlearbeit	37
1.1.6	Psychospiel „Expertenrolle"	38

2. Konstruktiver Umgang mit herausfordernden Jugendlichen 39

2.1	Der schemapädagogische Handwerkskoffer (für das Jugendalter)	40
2.1.1	Konfrontatives Schemamodusgespräch	41
2.1.2	Rollentausch (Stühlearbeit-Partnerübung)	42
2.1.3	Helfender Stuhl (inkl. Erweiterung um die Schemamodusperspektive)	43
2.1.4	Konfrontative Biografiebrücke	44
2.1.5	Psychospiel „Expertenrolle"	45
2.1.6	Aktivierende Ressourcenkonfrontation (inkl. Erweiterung um die Schemamodusperspektive)	46
2.1.7	Empathisch-humorvolles Schemamodusgespräch	47
2.1.8	Heißer Stuhl (inkl. Erweiterung um die Schemamodusperspektive)	48
2.1.9	Ein-Personen-Rollenspiel (inkl. Erweiterung um die Schemamodusperspektive)	49

2.1.10	Humorvoll-empathische Stühlearbeit	50
2.1.11	Psychospiel „Füttern zwischen Tür und Angel"	51
2.1.12	Modusinterview (Exploration)	52
2.1.13	Schemascreening	55
2.1.14	Das Nach-den-fünf-Minuten-Memo	58
2.1.15	Psychospiel „Good Cop – Bad Cop"	61
2.1.16	Emotionale Verunsicherung (mit Handy)	62
2.1.17	Psychospiel „Öl ins Feuer – bis der Lachanfall kommt"	62
2.1.18	Besinnungstexte	64

Weiterführende Literatur 101
Kontakte 105
Literatur 107

Vorwort

Eine neue Bildungsstudie, die vom Allensbach-Institut durchgeführt wurde, belegt wieder einmal das, was viele meiner älteren Schulkolleginnen und -kollegen seit Jahren auch so beobachten: Der Umgang mit den Schülern ist deutlich schwieriger geworden.[1] Unter anderem müssen wir heutzutage Erziehungsaufgaben übernehmen, die eigentlich im Elternhaus übernommen werden müssten. Erschwerend kommt hinzu: Vor uns sitzen mehr und mehr junge Menschen, die uns effizient schnell auf 180 bringen können – oder eben „nur" die Gruppe aufmischen. Und auf solche „Kaliber" werden wir nur unzureichend vorbereitet. Die Ursachen hierfür sind vielfältig. Im vorliegenden Rahmen wenden wir uns den psychischen Auffälligkeiten beziehungsweise Störungen auf Teenagerseite zu, die zu einem „schwierigen" Umgang beitragen. Pädagogische Fachkräfte brauchen meiner Meinung nach heute einen pädagogisch-psychotherapeutischen Input. Immerhin arbeiten wir nicht selten mit jungen Menschen zusammen, die aus persönlichkeitspsychologischer Perspektive *sehr* herausfordernd und hochmanipulativ sind.

Dummerweise kommen Themen wie „Unterschwellige Beziehungskonflikte im Praxisfeld Erziehung und Bildung" und „Persönlichkeitsstörungen" in der Ausbildung viel zu kurz bzw. tauchen erst gar nicht auf. Welche Lehrerin/welcher Lehrer weiß denn schon, was antisoziale, narzisstische oder Borderline-Phänomene sind und wie man im Praxisalltag mit ihnen konstruktiv umgeht? Diese Bildungslücke sorgt aufseiten der pädagogischen Fachkräfte, so die Rückmeldung von zahlreichen Seminarteilnehmerinnen und -teilnehmern, hin und wieder für eine gewisse Ohnmacht bei Konflikten im Praxisalltag. In der Schemapädagogik werden daher neue psychotherapeutische Ansätze und Konzepte in pädagogische Arbeitsfelder übertragen.

Gegen solche notwendigen Bestrebungen gibt es natürlich Widerstände, vor allem vonseiten der (Schul-)Psychologen. Oft habe ich schon gehört: „Pädagoginnen und Pädagogen brauchen keine psychotherapeutischen Kenntnisse, die haben ja wir." Ich denke hingegen: Die brauchen wir auch! Schließlich sitzen uns im Praxisalltag manchmal einige „Härtefälle" gegenüber! Und mit denen müssen wir uns auseinandersetzen – ob wir wollen oder nicht!

---

[1] Siehe u.a. *Wormser Zeitung* vom 25.04.2013.

Fortschritte der Schemapädagogik®

Das Projekt Schemapädagogik nahm 2009 langsam Gestalt an. In einer Weiterbildung von BF 1-Fachpraxislehrerinnen und -lehrern, an der – Achtung: narzisstische Tendenz! – *ich* in Speyer als Dozent mitwirkte, stand bereits im 1. Modul das Thema „Umgang mit interaktionsschwierigen Schülern" auf dem Programm.

Während meiner Vorbereitungen stieß ich auf die Schematherapie (YOUNG et. al 2008). Hier fand ich ein schlüssiges integratives Konzept zum Umgang mit verhaltensauffälligen Klienten im Psychotherapiebereich. Testweise habe – Entschuldigung: wieder die narzisstische Tendenz – ich wesentliche schematheoretische Konzepte wie die Schematheorie und das Modusmodell auf den Schulbereich übertragen. Weiter befruchtet wurde die Vorbereitung von der Lektüre der sogenannten Klärungsorientierten Psychotherapie (SACHSE 2003), in der u.a. provozierende Kommunikationsstrategien von interaktionsschwierigen Klienten transparent gemacht werden (sog. Images, Tests, Psychospiele und Appelle).

Ebenfalls wurden auch die Transaktionsanalyse (BERNE 1964/2005) und die Konfrontative Pädagogik (KILB, WEIDNER & GALL 2003) bei der Planung als hilfreich erachtet. D.h., verschiedene Elemente wurden in das oben genannte Seminar integriert. Das Konglomerat wurde schließlich mit dem Begriff „Schemapädagogik" etikettiert. Dann fing die eigentliche Konzeption und Ausarbeitung des neuen Konzepts erst richtig an.

Seit der publikationstechnischen Grundlegung des Konzepts vor drei Jahren (DAMM 2010a) wurden mehr als 500 pädagogische Fachkräfte aus den unterschiedlichsten Praxisfeldern im Rahmen von Seminaren und Fortbildungen schemapädagogisch gecoached. Eine erste Evaluation im Schulbereich fiel sehr positiv aus (DAMM 2012a). Fazit: Schemapädagogik fördert die pädagogische Fach- und Sozialkompetenz! Zahlreiche Publikationen erschienen bis dato (siehe weiterführende Literatur). Sie werden gerne gelesen. Mittlerweile liegen ausgearbeitete Methoden und Materialien für verschiedene sozialpädagogische Praxisfelder vor: für den Kita- und Hortbereich (DAMM 2010c), ebenso für die Praxisfelder Schule (DAMM 2010b; DAMM & EBERT 2012a/b) und soziale Arbeit (DAMM & WERNER 2011). Der Transfer des Konzepts der Persönlichkeitsstörungen in das Praxisfeld Erziehung und Bildung gestaltete sich als recht umfangreich: Letztes Jahr erschien die Buch-Trilogie *Persönlichkeitsstörungen verstehen in der Schule, Schulsoziarbeit und Jugendhilfe verstehen 1-3*.

Erfreulicherweise tut sich auch was in Hinsicht auf das Projekt „bundesweite Fort- und Weiterbildung". In Kooperation mit dem Trainerkollektiv AWOLON wird derzeit in Nordrhein-Westfalen eine berufsbegleitende Weiterbildung zur Schemapädagogin/zum Schemapädagogen konzipiert. Im Frühjahr 2014 soll es losgehen (nähere Informationen unter folgender Adresse: http://www.awolon.de). Ein weiterer Schemapädagogik-Seminaranbieter hat sich in Niedersachsen gefunden. Es handelt sich um Daniel Nordmann (siehe Kontakte). Wenn Sie Interesse an den Angeboten haben, melden Sie sich einfach bei den jeweiligen Ansprechpartnern!

Aufbau des Buchs

Die vorliegende Veröffentlichung beinhaltet zahlreiche praxisorientierte Konfliktmanagement-Methoden. Im **Einleitungskapitel** werden zunächst einige grundlegende Kenntnisse zur Schemapädagogik und zum Konzept der Persönlichkeitsstörungen vermittelt. Ebenso finden Sie eine Zusammenfassung der wesentlichen Grundbegriffe wie Schema und Schemamodus vor. Die theoretischen Ausführungen werden durch ein Praxisbeispiel transparent gemacht.

Im **ersten Kapitel** wird der *schemapädagogische Handwerkskoffer* für das Grundschulalter vorgestellt. Bei der Konzeption war vor allem das Buch *Schematherapie mit Kindern und Jugendlichen* (LOOSE, GRAAF & ZARBOCK 2013) inspirierend, das als Pionierarbeit angesehen werden kann.

Denn bislang gab es noch eine einheitliche Konzeption der Schematherapie mit der Altersgruppe 0 bis 21 Jahren. Sie finden in diesem Kapitel ausformulierte Methoden wie die humorvoll-empathische Stühlearbeit, das Schemascreening und das Psychospiel „Expertenrolle" (DEHNER & DEHNER 2007). In der Regel sind die Interventionen auch online hinterlegt und können downgeloadet und für den Eigengebrauch ausgedruckt werden.

Das **zweite Kapitel** ist dem *schemapädagogischen Handwerkskoffer* für das Jugendalter gewidmet. Da in dieser Altersphase die kognitiven Potenziale ausgereifter sind als im Grundschulalter, ergeben sich natürlich komplexere Interventionsmöglichkeiten. Mithilfe der Materialien (u.a. Modusinterview, Nach-den-fünf-Minuten-Memo, Besinnungstexte) sollen herausfordernde Teenager in Hinsicht auf ihre Selbsterkenntnis gefördert werden, damit zukünftig so etwas wie Emotionskontrolle in brenzligen Momenten stattfinden kann. Gerade die Besinnungstexte eignen sich dazu, den Eigenanteil an Mobbing, Gewalt, Manipulationen usw. empathisch bewusst zu machen.

Im Abschnitt **weiterführende Literatur** sind alle bisher veröffentlichten Schemapädagogik-Bände mit einer kurzen Beschreibung aufgeführt.

Hinweise zu den Online-Materialien

Das Online-Angebot, das mit der vorliegenden Veröffentlichung einhergeht, steht für Sie unter www.ibidem-verlag.de/downloads/9783838205304.zip bereit. Es umfasst drei Ordner. Insgesamt können Sie mehr als 100 Druckseiten downloaden. Im ersten Ordner (**Grundlagen**) finden Sie vier Einführungsartikel. Drei davon sind dem Konzept der Persönlichkeitsstörungen gewidmet. Der vierte Artikel führt in die Schemapädagogik ein. Der Schemafragebogen sowie eine Zusammenfassung der sogenannten Manipulationstechniken komplettieren den ersten Ordner. Mithilfe des Fragebogens können Sie leicht eigene Schemata identifizieren, die (wahrscheinlich) in Ihrem Praxisalltag unbewusst hin und wieder eine Rolle in Hinsicht auf die Beziehungsgestaltung spielen.

Interessanterweise finden unsere Jugendlichen doch recht schnell unsere „roten Knöpfe", auf die sie drücken müssen, um uns zu einem bestimmten Verhalten zu animieren. Aus diesem Grund müssen auch wir unsere Schemata kennenlernen. Der Text über die Manipulationstechniken dient der Förderung der sozialen Kompetenzen. Denn wenn man weiß, was genau ein Test, Image oder ein Psychospiel im Alltag ist, kann ich so reagieren, wie es der Jugendliche vor mir gerade nicht(!) erwartet.

Der zweite Ordner (**schemapädagogischer Handwerkskoffer**) beinhaltet entsprechend der Unterscheidung zwischen Grundschul- und Jugendalter zwei verschiedene Handwerkskofferversionen mit unterschiedlichen Inhalten.

Im dritten Ordner (**Sonstiges**) finden Sie einen aktuellen Flyer sowie die Beschreibung eines Franchise-Angebots (Schemapädagogik-Trainerin/-Trainer).

Um zum Download zu gelangen, müssen Sie lediglich die Homepage des Ibidem-Verlags aufrufen (http://www.ibidem-verlag.de). Danach geben Sie einfach den Buchtitel in das Recherche-Feld ein. Klicken Sie den Titel an und befolgen Sie die Download-Anweisungen. **Das erste Wort auf Seite 12 in diesem Buch ist gleichzeitig das Passwort**.

Ich hoffe, dass Ihnen die beschriebenen Methoden im Umgang mit Ihren herausfordernden Fällen hilfreich sind. Wenn Sie Fragen oder Anregungen haben, schreiben Sie mich einfach an (siehe unten).

Mein Dank geht an Luisa Martinez, die für die ansprechenden Zeichnungen verantwortlich ist.

Worms, im Sommer 2013
Dr. Marcus Damm

Kontakt

Institut für Schemapädagogik
Dr. Marcus Damm
Höhenstr. 56
67550 Worms

E-Mail: info@marcus-damm.de
Internet: http://www.schemapädagogik.de

Einstieg ins Thema – Warum ohne Beziehung „nix" geht

Schemapädagogik –
Ein psychotherapeutisch-pädagogisches Konzept für die Soziale Arbeit[2]

Marcus Damm, Ludwigshafen

Schlagworte: Soziale Arbeit – Schematherapie – Professionalisierung – Schemapädagogik – Klient

Die Psychotherapie hat in den letzten Jahren gute Modelle zum Verständnis und der Behandlung von negativen Interaktionsmustern entwickelt. Schemapädagogik transferiert Bausteine von schemabasierten Ansätzen in die Soziale Arbeit. Psychosoziale Probleme von Klienten werden vor diesem Hintergrund durch nachteilige neuronale Muster (Schemata) verursacht (vgl. SIEGEL 2006; SPITZER 2009). Schemapädagogen realisieren eine spezielle (komplementäre) Beziehungsgestaltung und unterstützen den Klienten beim Transfer der erarbeiteten Lösungen in den Alltag. Ziel ist die Förderung prosozialen Verhaltens.

Psychotherapie has developed a number of good schemes to understand and to treat negative communication between people, especially cognitive therapy and schema therapy. Schema education, a new approach, transfers principles and strategies of these therapies into different educational fields. Schema education says that problematical relations between people are caused by negative schemes. Schema educationists support clients to transfer the solutions into every days life.

Dr. phil. Marcus Damm ist in der Lehrerfortbildung tätig und unterrichtet die Fächer Pädagogik und Psychologie an der Berufsbildenden Schule Hauswirtschaft/Sozialpädagogik in Ludwigshafen, Pfalzgrafenstr. 1-10, 67061 Ludwigshafen, E-Mail: info@marcus-damm.de

---

[2] Dieser Einführungsartikel beinhaltet die Grundlagen der Schemapädagogik. Außerdem wird das Konzept der Persönlichkeitsstörungen thematisiert, das in der Regel im Praxisfeld Erziehung und Bildung – absolut nicht nachvollziehbar, wie ich finde –, völlig unbekannt ist.

Einleitung

Nur wenige Autorinnen und Autoren thematisieren die Tatsache, dass auch Sozialarbeiterinnen und Sozialarbeiter in ihren Arbeitsfeldern mit Kindern und Jugendlichen zu tun haben, die Anzeichen einer oder mehrerer Persönlichkeitsstörungen offenbaren. Dass wir Pädagoginnen und Pädagogen mehr und mehr in dieselbe schwierige Situation geraten, scheint niemandem im Wissenschaftsbetrieb aufzufallen. Ansonsten würde es sicherlich mehr Veröffentlichungen zu dieser Angelegenheit geben!

Mithilfe des Wissens über das Konzept der Persönlichkeitsstörungen (DAMM 2012a; 2012b; 2012c)) und dessen Verknüpfung mit schemapädagogischen Überlegungen (DAMM 2010a) lassen sich herausfordernde Verhaltensweisen von „schwierigen" Jugendlichen, die immer wieder praktiziert werden, besser verstehen.

Andererseits ergeben sich aufgrund der entsprechenden psychodynamischen Einsichten über die betreffende Teenagerpersönlichkeit neue Interventions- und Reaktionsmöglichkeiten (DAMM 2012b). Natürlich können wir die jungen Menschen, die von einem schwierigen Persönlichkeitsstil betroffen sind, nicht „heilen". Dieser Eindruck soll hier schon mal gar nicht entstehen. Wir können aber in Hinsicht auf die Beziehungsgestaltung bewusst Bedingungen erschaffen, die dem Teenager und uns die Gesamtsituation erleichtern.

Fallbeispiel (passiv-aggressiver Persönlichkeitsstil)

Marek (16) besucht die Berufsfachschule 1 (Fachrichtung Technik) seit zwei Monaten. Er ist eine imposante Erscheinung, stämmig, groß gewachsen. Sein Sozialverhalten im Unterricht wird von vielen Mitschülern und einigen Lehrern schnell als auffällig und störend bezeichnet.

Mit drei Lehrern ist er in den ersten Wochen des Schuljahres bisher aneinandergeraten und hat dafür schon Klassenbucheinträge bekommen. Laut deren Aussage stört er den Unterricht mit einer bestimmten Masche. Er provoziert massiv; aber er tut dies nicht offensichtlich, sondern verdeckt, sodass er die Lehrkräfte schnell auf 180 bringt. So kommt er zum Beispiel bei bestimmten Kollegen stets zu spät in den Unterricht. Auf seine Verfehlungen angesprochen, regiert er gewöhnlich übertrieben höflich, manchmal auch aggressiv; dadurch verwickelt er sie in weitere Gespräche und bekommt Aufmerksamkeit. Aufgetragene Hausaufgaben werden grundsätzlich nicht erledigt. Stehen Gruppen-Präsentationen an, die benotet werden, lässt er seine Mitschüler im Stich, er fehlt dann am Tag der Präsentation.

Nachdem er eines Tages mit einer Lehrerin in der ersten Stunde streitet, wird er vor die Tür geschickt. Nach der 1. Pause – die Klasse wird noch von derselben Lehrerin betreut – marschiert er (verspätet) selbstbewusst und unbeeindruckt in den Klassensaal, setzt sich ohne ein Wort hin und packt sein Pausenbrot aus.

Als er sich daran macht, es zu verspeisen, verweist ihn die Lehrerin wiederum des Klassensaals. Der Klassenleiter führt mehrere Einzelgespräche mit ihm, aber er kommt nicht weiter.

Kritik scheint nicht anzukommen, der Schüler zeigt keinerlei Problembewusstsein. Marek meint, „die Lehrer" sind schuld, er „macht gar nichts".

Gegen Ende solcher Unterhaltungen gelobt er stets Besserung, der Klassenlehrer hingegen ist von den Aussagen nicht überzeugt. Tatsächlich ändert sich Mareks Verhalten nicht.

Die Schulsozialarbeiterin Frau G. wird über die Probleme mit Marek informiert („Er ist außerdem schon von zwei Schulen geflogen!"), und sie vereinbart einen Termin mit ihm. Zum ersten Treffen erscheint Marek fünf Minuten zu spät und blafft ihr den Satz „Ich hab den Bus verpasst" entgegen. Frau G. geht nicht näher darauf ein, sondern sagt: „Du trägst ja die ganz neuen Nike-Schuhe. Cool. Ich wusste gar nicht, dass die schon auf dem Markt sind!" Marek ist verblüfft und kriegt gerade noch ein „Danke!" über die Lippen.

Frau G. spricht die schulischen Probleme an. Marek verteidigt sich, „die Lehrer" würden ihn nicht leiden können, außerdem würde er „gar nichts machen". Die Schulsozialarbeiterin reagiert nicht darauf. Sie informiert Marek darüber, welche Aufgaben sie an der Schule wahrnimmt und dass ihr Büro eine Anlaufstation für Schüler und Lehrer ist.

Frau G. regt daraufhin wieder eine eher informelle Unterhaltung an. Sie will wissen, was Marek in seiner Freizeit tut, welche Hobbys er hat usw. Er gibt bereitwillig Auskunft über seine Aktivitäten. „Ich muss in fünf Minuten los, ich habe noch einen Gerichtstermin", sagt er irgendwann.

Der Jugendliche erzählt, dass er vor Monaten mit seinen Freunden unterwegs war. Sie wurden auf einen Motorroller aufmerksam, der an der Straße stand. Marek schloss ihn kurz und fuhr ein paar Runden um den Block. Das ging nicht lange gut. Eine vorbeifahrende Polizeistreife wurde auf ihn aufmerksam, stoppte den Roller und nahm den Jugendlichen fest. Daraufhin sagt Frau G. humorvoll: „Und du hast gar nichts gemacht – die Polizisten waren schuld."

Jetzt muss auch Marek grinsen.

Begriffsklärungen

Schemata beinhalten nach aktuellem Stand kognitive *und* emotionale Inhalte – und sie entstehen infolge von Frustrationen bzw. übermäßiger Erfüllung von bestimmten menschlichen Grundbedürfnissen wie etwa Anerkennung, Bindung, Wahrgenommen-Werden, Selbstwerterhöhung usw. D.h. auch: Schemata sind, wenn sie aktiviert werden, sowohl im expliziten als auch im impliziten Selbst verortet (DAMM 2012a).

Bei einem Schema handelt es sich nach der Definition von YOUNG et al. (2008, S. 36) konkret „um

- ein weit gestecktes, umfassendes Thema oder Muster,
- das aus Erinnerungen, Emotionen, Kognitionen und Körperempfindungen besteht,
- die sich auf den Betreffenden selbst und seine Kontakte zu anderen Menschen beziehen,
- ein Muster, das in der Kindheit oder Adoleszenz entstanden ist,
- im Laufe des weiteren Lebens stärker ausgeprägt wurde und
- stark dysfunktional ist".

Wie man sieht, und darauf wird hier explizit hingewiesen, haben Schemata mehrere innerpsychische Ebenen, beinhalten entsprechend Erinnerungen, Emotionen, Kognitionen und Körperempfindungen. Außerdem beeinflussen sie die Selbst- *und* Fremdwahrnehmung und haben einen starken Bezug zu einem frühkindlichen oder adoleszenten Lebensthema. YOUNG et al. (2008) fanden diverse Schemata (siehe Tabelle 1) durch jahrelange Arbeit mit Klienten, die in der Regel aufgrund von charakterologischen Problemen in die Therapie kamen. In Tabelle 1 sind die relevanten Muster aufgeführt, sie sind auch wichtig für Schemapädagogen. Im Falle einer Schemaaktivierung kommt es immer auch zu einer Auslösung eines bestimmten Ich-Zustandes, anders gesagt, zur Aktivierung eines sogenannten Schemamodus, der kognitiv und gleichzeitig affektiv wirkt.

Diesen Arbeitsbegriff gilt es besonders zu berücksichtigen. Während die Schemata als Persönlichkeits*züge* (traits) angesehen werden, versteht man die **Schemamodi** als Persönlichkeits*zustände* (states). Schemamodi sind Gemütszustände, in denen sich ein Mensch für kürzere oder längere Zeit befinden kann und die einander (plötzlich) ablösen können.

Schritt 1: Beobachtung

Der schemapädagogische Prozess beginnt mit der Beobachtungsphase. Sollten aufseiten des Teenagers bestimmte Persönlichkeitsstile vorliegen, so wird es wahrscheinlich im Praxisalltag irgendwann regelmäßig zu entsprechenden Situationen kommen, in denen bestimmte Schemata und Verhaltensweisen ausgelöst werden. Im Falle einer Aktivierung offenbart der Teenager überwiegend Kommunikationsmuster, Reaktionen und Manipulationstechniken, die den entsprechenden Stil repräsentieren.

Fachkräfte können eine entsprechende Schemaaktivierung als solche irgendwann schnell erkennen: Offensichtlich gerät der Betreffende von jetzt auf gleich in einen bestimmten Ich-Bewusstseinszustand, genauer gesagt, in einen spezifischen Schemamodus (ROEDIGER & JACOB 2010). Bestimmte Schemamodi korrelieren mit bestimmten Persönlichkeitsstilen; dies gilt es in der „Diagnosephase" zu berücksichtigen.

Auch die mit den Persönlichkeitsstilen zusammenhängenden Manipulationstechniken sind relevant, da sie ja, wenn sie in Kombination gezeigt werden, ein extrem relevantes Grundbedürfnis kommunizieren, etwa der Wunsch nach Anerkennung (SACHSE et al. 2008).

Ein aktivierter Schemamodus/Ich-Anteil beeinflusst effizient das Denken, Fühlen und Verhalten, und zwar gleichzeitig. Der Betreffende ist in einem bestimmten „bekannten Film".

Ist etwa das Schema *Misstrauen/Missbrauch* gerade aktiv, denkt, fühlt und verhält sich der Teenager so, als wären die anderen jetzt und hier die Täter – und er das Opfer (oder umgekehrt).

Das Schema *Emotionale Vernachlässigung* kann ebenfalls auf Knopfdruck typische Reaktionen auslösen, etwa die Opferrolle. Das Muster ist für Gefühle des Verlassen- und Alleinseins verantwortlich, und das Schema *Unterwerfung* (ebenfalls häufig relevant) wird meistens aktuell durch verbale oder psychische Diskriminierungen ausgelöst.

Liegen Schemata in sehr starker Ausprägung vor, reichen schon einzelne provozierende Bemerkungen von Gleichaltrigen und auch Erziehern aus, um sie auszulösen, sprich: zu triggern. Trägt man alldem Rechnung, ergeben sich in Hinsicht auf die Beobachtungsphase bestimmte Aufgaben: Werden in einer neuen Gruppe nach der Eingewöhnungszeit erste Manipulationstechniken praktiziert, sollten die Aktionen und Reaktionen (Mimik, Gestik, Körpersprache) des gerade relevanten Teenagers auf jeden Fall von der Fachkraft registriert werden.

Wenn regelmäßig(!) dieselben Aktionen und Reaktionen offenbart werden, ist die Wahrscheinlichkeit hoch, dass innerpsychische Faktoren, eben passende Schemata und Schemamodi, einen bestimmten Stil repräsentieren.

Wichtig zu bedenken ist nun die Tatsache, dass während einer Schemaaktivierung vor allem zwei Sachen aufseiten des Betreffenden nicht stattfinden können: Selbstreflexion und Einsicht in das ganzheitliche Geschehen.

Der Interaktionspartner ist während des schemagetriebenen Vorfalls nämlich gewissermaßen in „seinem Film", hat seine „fünf Minuten", wenn man das so sagen will.

Einsicht kann nur dann stattfinden, wenn die Betreffenden im Modus des *Gesunden Erwachsenen* sind. In diesem Bewusstseinszustand wirken Teenager wie Betreuer reflektiert, objektiv, einsichtig und kritikfähig.

Die sogenannte komplementäre Beziehungsgestaltung (BOWLBY 1982) dient dazu, herausfordernde Jugendliche häufig in den Modus des *Gesunden Erwachsenen* zu „bugsieren". Da die Kenntnis der einzelnen Schemata (YOUNG et al. 2008) in Hinsicht auf die Beobachtungsphase unumgänglich ist, werden die einzelnen Muster noch einmal in einer Tabelle mitsamt den typischen Kognitionen und Bewältigungsreaktionen aufgeführt.

Tabelle 1: Schemata, Kognitionen und Bewältigungsreaktionen

Schema	Verhalten des frühen sozialen Umfelds	Kognitionen des Betreffenden späterhin	Erduldung des Schemas	Vermeidung des Schemas	Kompensation des Schemas
1. Emotionale Vernachlässigung	Vernachlässigung, Gleichgültigkeit, Desinteresse	„Ich kann mich nur auf mich selbst verlassen, niemand hilft mir!"	Erschaffung eines verantwortungslosen Umfelds	Abschottung nach außen, „lonesome cowbow", „Marlboro Man"	Aufopferung, soziales Engagement
2. Verlassenheit/ Instabilität	Unzuverlässigkeit, Wechsel zwischen Fürsorge und Alleinsein	„Meine aktuelle Bezugsperson ist in jeder Hinsicht unzuverlässig!"	Suche nach nicht erreichbaren Beziehungen	Beziehungen werden nicht gesucht, lediglich oberflächliche Freundschaften geduldet	Beziehungen vorauseilend beenden, bevor einem der andere „zuvorkommt"
3. Misstrauen/ Missbrauch	Emotional, physisch und/oder psychisch schädigend	„Es gibt nur gute und böse Menschen – das gilt auch für meine Beziehungspartner!"	Suche nach emotional, physisch und/oder psychisch schädigenden Partnern	Kein einziger Beziehungspartner hat eine Chance, man bleibt alleine	Opfer-Täter-Umkehr: Man behandelt die anderen so negativ, wie man es selbst erfahren hat
4. Soziale Isolation	Soziale Minderheit, „Wagenburg-Familie"	„Ich wurde in meiner bisherigen Schulzeit immer ausgegrenzt!"	Selbstinszenierte Übernahme der Außenseiterrolle in der Gruppe	Keinerlei Bemühung um Integration	Entwicklung einer starken Leistungsmotivation, man will dazugehören
5. Unzulänglichkeit	Demütigung, Herabsetzung, Vermittlung der „Loser-Rolle"	„Ich kann einfach nix, versage regelmäßig, weil ich so bin, wie ich bin!"	Aktive(!) Übernahme der Sündenbockrolle (unbewusst)	Selbstschutz durch introvertiertes Auftreten, Außenseiter	Kasperei, hohe Ansprüche an sich selbst und andere
6. Erfolglosigkeit/ Versagen	Aktive Entmutigung, heillose Überforderung, Erschaffung einer Versager-Mentalität seitens des Betreffenden	„Jeder andere ist in so gut wie jeder Hinsicht besser als ich, ich erreiche nichts!"	Weit unter seinen Fähigkeiten bleiben, „es ist halt so"	Abkapselung, Einigeln	Perfektionismus, alles ist nun anders

7. Abhängigkeit/ Inkompetenz	Überbeschützend, symbiotisch, „beglückend", kindliche Neugier und Selbsterfahrung wurden verhindert	„Ich kann das nicht und brauche daher Unterstützung!"	Passivität offenbaren, sich abhängig machen, hilflos sein	Überhaupt keine Verantwortung mehr übernehmen wollen	Extreme Unabhängigkeit offenbaren, „Überwasser" bekommen
8. Verletzbarkeit	Sehr ängstliche, übersensible oder kontrollierende Eltern	„Alles, was neu und fremd ist, möchte ich vermeiden, man kann sich nie genug schützen!"	Überwiegend werden Gefahren im Alltag wahrgenommen und thematisiert	Strikte Vermeidung von fremden sozialen Situationen	Gefahren werden nun gesucht, Risikoverhalten
9. Verstrickung/ Unentwickeltes Selbst	Symbiotische Eltern, die den Betreffenden von sich systematisch abhängig machten	„Nur *mit* dir bin ich jemand, ich kann nicht ich selbst sein!"	Sich nicht von den Eltern lösen können, regelmäßige Kommunikation, Rat und Hilfe holen sich Betreffende beim sozialen Umfeld	Beziehungen außerhalb der Familie werden nicht geführt	Abgrenzungsverhalten, „Fluchttendenzen", Entwicklung einer „Revoluzzer-Mentalität"
10. Anspruchshaltung/ Grandiosität	Der Betreffende erfuhr wenig Widerstand und wenige Grenzen in der Erziehung, Verwöhnung, Besetzung des Familienthrons	„Ich bin etwas Besonderes, für mich gelten nicht die Regeln, die für Normalos gelten; ich verdiene eine Sonderbehandlung und habe Sonderrechte!"	Entwicklung einer Alpha-Tier-Mentalität Mangel an Empathie, Hang zum Konkurrieren	Vermeidung von „brenzligen" Situationen (in denen man sich nicht beweisen kann)	Das soziale Umfeld begünstigen und sich dann feiern lassen
11. Unzureichende Selbstkontrolle/ Selbstdisziplin	Das soziale Umfeld legte wenig Wert auf Disziplin (oder: viel zu viel!)	„Ich mache, was ich will, niemand kann mich zu etwas zwingen, was ich nicht will!"	Fast nicht vorhandene Frustrationstoleranz, an Regeln und Rahmenbedingungen hält sich der Betreffende nicht	Es wird keinerlei Verantwortung übernommen	Projekte werden nunmehr mit extrem viel Aufwand angegangen

12. Unterwerfung/Unterordnung	Unterdrückende, strenge, kontrollierende Eltern, Widerspruch wurde nicht geduldet	„Der andere weiß es besser, ich passe mich an, ordne mich vorauseilend unter!"	Vorauseilender Gehorsam, Ja-Sager-Mentalität, Entwicklung einer Fried-Höflichkeit, chamäleonartiges Auftreten	Konflikte werden vermieden, vorauseilende und kritiklose Anpassung an die vorhandenen Verhältnisse	Rebellion, passiv-aggressive Verhaltensweisen beziehungsweise Übernahme der Bestraferrolle (= Identifizierung)
13. Aufopferung	Eltern in sozialen Berufen; oder: überforderte, schwache Eltern	„Nicht mein Wohl, sondern das der anderen steht im Vordergrund!"	Helferberuf ergreifen, eigene Bedürfnisse verdrängen	Vermeidung von Beziehungen, in denen man ja aktiv wäre	Abgrenzung, Aufgabe des bisherigen sozialen Umfelds
14. Streben nach Zustimmung und Anerkennung	Die Eltern spendeten nur für Leistung oder sozial erwünschtes Verhalten Zuneigung und Anerkennung	„Alle müssen gut von mir denken, daher muss ich es allen eben recht machen!"	Den Wert der eigenen Leistung von der Meinung und dem Lob und Zuspruch der anderen abhängig machen	Vorauseilendes Anpassen an den jeweiligen Gesprächspartner, stets das Fähnlein in den Wind hängen	Negative Aufmerksamkeit suchen, anecken, provozieren wollen
15. Emotionale Gehemmtheit	Eltern, die die Kontrolle von Emotionen belohnten und entsprechende Vergehen bestraften	„Ich muss mich stets kontrollieren – erst denken, vernünftig bleiben, dann reden; Gefühle sind nicht gut!"	Nach innen und außen gefühlskontrolliert agieren, Wert legen auf präzise Kommunikation	Situationen, in denen Spontaneität gefragt ist, werden nicht aufgesucht	Integration in eine straffe Hierarchie, dort kognitiv funktionieren wollen
16. Überhöhte Standards	Liebe wurde nur bei Leistung gewährt (leistungsbezogene Zuwendung)	„Ich muss ehrgeizig und fleißig sein, immer was tun!"	Perfektionismus-Syndrom, hohe Erwartungen auch an andere	Unstrukturierte Situationen und Umwelten werden gemieden	Aussteiger-Ambition, Reduktion der Leistungsmotivation
17. Negatives hervorheben	Katastrophierende Eltern, die überall Gefahren und „das Unheil" sahen	„Ich finde immer ein Haar in der Suppe, das Glas ist halb leer!"	Strikte Erwartung des Negativen	Das Gewohnte bevorzugen, enge Kreise ziehen	Andere vom „Negativen" überzeugen wollen
18. Bestrafungsneigung	Eltern nahmen das Kind als „böse" und „verbesserungswürdig" wahr	„Menschen sind voller Ecken und Kanten – und die muss man zurecht schleifen!"	Hart zu sich selbst und zu anderen sein	Fähnchen in den Wind hängen, vorauseilend „brav" sein	Vorschriften streng befolgen, ohne Mitleid auftreten

Schritt 2: Komplementärer Beziehungsaufbau
Professionelle, die schemapädagogisch arbeiten, verwirklichen neben den üblichen allgemeinen positiven Beziehungsvariablen nach dem Verständnis von Carl Rogers – Empathie, Kongruenz, Akzeptanz – auch eine ganz bestimmte Art von Beziehungsgestaltung (BAUER 2007a).

Sie passen sich aktiv, direkt und gut dosiert an die Motivebene des herausfordernden Gesprächspartners an; diese Ebene ist stets existent, hinter der Manipulationsebene verortet. D.h., Fachkräfte arbeiten an einer komplementären (= an den Bedürfnissen andockende) Beziehungsgestaltung. Denn klar ist: *Ohne Beziehung geht gar nix*!

Der Erzieher interpretiert entsprechend verbale und nonverbale Informationen des anderen und erspürt quasi parallel dazu das hinter den Tests und Psychospielen verborgene jeweilige Grundbedürfnis (das so gut wie immer kommuniziert wird).

Praktiker werden es wissen: Gerade „schwierige" Kinder und Jugendliche suchen und provozieren vor allem Anerkennung sowie das Gefühl von Solidarität, Wichtigkeit und Verlässlichkeit (SACHSE et al. 2009). Leider sind die Wege zum Ziel in der Regel sehr unsozialer Art.

Es dauert gewöhnlich seine Zeit, bis der professionelle Helfer einen privaten Zugang zu dem Teenager findet. Grund: Der Zu-Erziehende hat früher gewöhnlich einmal ausführlich und über einen längeren Zeitraum hinweg gelernt, dass die eigenen Grundbedürfnisse von den Mitmenschen in Reichweite nicht so leicht befriedigt oder sogar frustriert werden, wenn man sie authentisch(!) anmeldet (BAUER 2007b).

Aufgrund solcher Voraussetzungen kommt es ja erst zur Ausprägung von Tests, Psychospielen und – zu den hier thematisierten Schemata und Schemamodi. Der „schwierige" Jugendliche ist also gegenwärtig gar nicht in der Lage, *authentisch* seine Bedürfnisse zu kommunizieren. (Meistens ist er sich noch nicht einmal darüber bewusst, welche Motive er im Alltag überhaupt mit seinem Verhalten anmeldet!). Welche Bedürfnisse jeweils im Vordergrund stehen, finden Erzieher recht zügig heraus. Sie achten im Alltag auf diejenigen Verhaltensweisen des Betreffenden, die dazu dienen, den Gesprächspartner zu manipulieren, d.h., ihn zu bestimmten Reaktionen zu animieren bzw. zu zwingen. Jeder Persönlichkeitsstil offenbart auch ein oder mehrere zentrale Bedürfnisse auf der Beziehungsebene (BAUER 2007c).

Schritt 3: Problemaktualisierung, Persönlichkeitsstil- und Schemamodus-Diagnose
Kommt es im Beisein der Fachkraft immer wieder zu einem speziellen Problemverhalten, kann es leicht auf einen zugrunde liegenden Schemamodus bzw. Persönlichkeitsstil bezogen werden. Vielleicht mobbt ein Gruppenmitglied regelmäßig eine bestimmte Person (*Schikanierer- und Angreifer-Modus*). Oder er kommt stets zu spät zu Verabredungen und hält sich nicht an Absprachen (*Modus Impulsiv-undiszipliniertes Kind*).

Infolge längerer Beobachtungsphasen ergibt sich irgendwann aufseiten der Fachkraft ein Eindruck, ein persönlichkeitsspezifisches „Teenagermodell", das natürlich unvollständig und vor allem nicht endgültig ist.

Man kann sich auch folgende Fragen ins Gedächtnis rufen, um sich den innerpsychischen Mechanismen zu nähern, die der Jugendliche aufweist:

> ➢ Zu welchen Reaktionen möchte mich X bringen?
> ➢ Welche Ziele verfolgt er?
> ➢ Welche Gedanken löst sein Verhalten in mir aus?
> ➢ Welche Grundbedürfnisse werden kommuniziert?
> ➢ Was steckt hinter dem Verhalten?
> ➢ Welche Situation löst welchen Schemamodus aus?
> ➢ Welche Schemata könnten vorliegen?

Wie erwähnt, je länger die Zusammenarbeit andauert, desto eher entsteht aufseiten des Erwachsenen ein „persönlichkeitsspezifisches Bewusstsein". Natürlich sollte immer mal wieder authentisch an der Beziehungsebene des Betreffenden „angeklopft" werden („Na, am Wochenende wieder Party gemacht?" o.Ä.).

D.h., diejenigen Heranwachsenden, die viel Aufmerksamkeit und Anerkennung brauchen, *bekommen von der Fachkraft (kurz) eine Portion Aufmerksamkeit und Anerkennung*. Wenn der Teenager in der Freizeit Kampfsport macht, Fußball oder Theater spielt, Musik macht (oder was auch immer) und dies erwähnt, dann ist das aus Sicht der Fachkraft *sehr interessant – und sie möchte mehr darüber erfahren*.

Wer zu Beginn der Stunde (oder vorher) den jungen Menschen entsprechend mit Interesse und Anteilnahme „füttert", der wird schnell sehen: Schon wenige entsprechende Situationen reichen aus, damit wenigstens – nicht wie sonst – die ersten Minuten störungsfrei verlaufen. Und: Je besser die Beziehung, desto länger die Zeitspanne, in der der Erziehungs- und Bildungsauftrag umgesetzt werden kann. Dieses Prinzip wird im nächsten Kapitel noch ausführlich ausgeführt.

Schritt 4: Problemklärung
Ist schließlich mithilfe der Realisierung der komplementären Beziehungsgestaltung genug Beziehungskredit (Sympathie, Vertrauen, Solidarität) aufgebaut, mehren sich die Situationen, in denen man mit dem herausfordernden Jugendlichen authentisch und auch mal informell kommunizieren kann, vor allem vor und nach den Arbeitsphasen.

Grund: Er befindet sich häufiger im *Modus des Gesunden Erwachsenen*. In solchen Momenten, in denen der „gesunde Menschenverstand" regiert, sollte der Interaktionspartner irgendwann dazu motiviert werden, an der Bewusstwerdung seiner kostenintensiven Persönlichkeitsfacetten

(Schemamodi) zu arbeiten. Nur dann ist ein „kognitives Bearbeitungsfenster" offen (SACHSE et al. 2009). (Sobald ein negativer Schemamodus aktiviert wird, ist es mit dem „gesunden Menschenverstand" wieder vorbei.)

Spielerisch bzw. humorvoll-empathisch bietet der Pädagoge dem Jugendlichen, der gerade im Modus des *Gesunden Erwachsenen* ist, einen Schemamodus-Arbeitsbegriff an, mit dem er etwa anfangen kann. Bei dieser Einstiegsmethode handelt es sich um das sogenannte Schemamodus-Gespräch (siehe unten). Eine solche Unterhaltung gelingt aber nur im Falle ausreichenden Beziehungskredits.

Einige Beispiele: „Wenn dich jemand auslacht, kommt der böse Max aus dir raus, nicht?" (*Ärgerliches Kind*) – „Wenn du so einen Strebertyp siehst, spricht schnell der Mobbing-Max aus dir, gell?" (*Schikanierer- und Angreifer-Modus*). Erfahrungsgemäß entwickeln die jungen Menschen rasch ein Bewusstsein von ihren innerpsychischen Strukturen und können auch damit zusammenhängende problematische Verhaltensweisen identifizieren. Festigt sich ein Arbeitsbegriff aufseiten des Teenagers, wird dieser Begriff immer mal wieder bei Unterhaltungen eingestreut, damit er sich kognitiv festigt, etwa so: „Na, hat sich der Mobbing-Max mal wieder gemeldet, vielleicht am Wochenende?"

Dabei ergeben sich – *wenn die Beziehung stimmt* – einsichtsfördernde Gespräche, und der Heranwachsende lernt eine kostenintensive Persönlichkeitsfacette von sich selbst besser kennen, die ihm im Alltag immer wieder dieselben zwischenmenschlichen Probleme bereitet. Beide Seiten profitieren von dieser Art der Selbsterkenntnis. Kommt es einmal im Beisein der Fachkraft zu einer entsprechenden Schemamodus-Aktivierung im Alltag, kann nunmehr gezielt interveniert werden: „Aha! Da ist er ja, der Mobbing-Max! Schluss jetzt!" So manche Störung lässt sich dadurch im Keim ersticken. Irgendwann sollten natürlich auch Gespräche über die Vor- und Nachteile des jeweiligen Schemamodus geführt werden, vielleicht auch über dessen Herkunft. Da die Nachteile aus Sicht des Modus des *Gesunden Erwachsenen* immer überwiegen, entwickelt sich seitens des Klienten leicht ein stetig anwachsendes Problembewusstsein. Dabei wird auch erfreulicherweise die ansonsten aktivierte innerpsychische Abwehr („Ich hab doch gar nichts gemacht!") umgangen, was die Arbeit angenehmer und effizienter macht.

Schritt 5: Interventionen und Methoden
Wesentliches Ziel der schemapädagogischen Bemühungen ist die Förderung der selbst motivierten(!) Emotionskontrolle seitens des Jugendlichen im Alltag. Er soll irgendwann in der Lage sein, einen kostenintensiven Schemamodus im Falle einer Auslösung selbst zu unterdrücken. Der Betreuer unterstützt ihn dabei immer mal wieder, etwa bei Tür-und-Angel-Gesprächen („Mensch, heute hast du dein Aggro-Ich super kontrolliert, ich bin stolz auf dich!"). Insgesamt können beim Konzept Schemapädagogik sieben spezielle kognitive bzw. erlebnisbasierte Methoden zum Einsatz kommen, um aufseiten des „schwierigen" Heranwachsenden die Selbsterkenntnis und Selbstkontrolle zu fördern:

1. **Schemamodus-Gespräch** (DAMM 2010c).
2. **Schemamodus-Memo** (dieses Memo unterstützt das kognitive Training (BECK 1976), indem der Zu-Erziehende auf einem Blatt seinen problematischen Schemamodus, eine typische Auslösesituation, die objektive Einschätzung des Geschehens sowie subjektive Lösungsvorschläge festhält).
3. **Schemamodus-Fragebogen** (DAMM & EBERT 2012a). Mithilfe dieses Fragebogens lernt X seine problematischen Schemamodi kennen; ergänzt wird der Fragebogen durch ein Textblatt, mit dessen Hilfe der Heranwachsende die potenziellen Auswirkungen einer entsprechenden Aktivierung im Praxisalltag konkret fassen, sprich bewusst machen kann.
4. **Schemafragebogen** (DAMM & WERNER 2011). Der Schemafragebogen beinhaltet die im vorliegenden Rahmen relevanten Schemata. Per Selbsteinschätzung zu verschiedenen Aussagen gelingt schrittweise die Identifikation eigener maladaptiver Persönlichkeitsmuster. Der Fragebogen wird im Rahmen von Lehrerfortbildungen eingesetzt und wird ergänzt durch ein Manuskript, das die möglichen Auswirkungen von Schemata im Alltag beschreibt. In Einzelfällen kann der Schemafragebogen auch mit Heranwachsenden ausgefüllt werden, etwa wenn sie die entsprechenden kognitiven Voraussetzungen hierzu mitbringen.
5. **Persönlichkeitsstil-Fragebogen** (DAMM 2012a).
6. **Stühlearbeit** (mithilfe der sogenannten Stühlearbeit wird die Arbeit an den Schemamodi fortgesetzt).
7. **Besinnungstext** (der Heranwachsende kann sich auch mit einem auf einen bestimmten Schemamodus zugeschnittenen Besinnungstext auseinandersetzen, um Aspekte seiner Persönlichkeit besser kennenzulernen).

Schritt 6: Ressourcenorientiertes Arbeiten

Im letzten Schritt wird versucht, die bereits vorhandenen Potenziale des Teenagers zu fördern bzw. in eine prosoziale Richtung zu lenken. Die Hobbys der Jugendlichen geben dabei die Richtung vor, auch die moralisch bedenklichen „Lieblingstätigkeiten". Ein Jugendlicher, der sich „am Wochenende gern fetzt", ist eventuell in einem Kampfsportverein gut aufgehoben. Dort lernt er nämlich auch Respekt, Disziplin und Ausdauervermögen. So gut wie jedes Hobby ist kultivierbar, die Fachkraft gibt entsprechend Impulse vor, formuliert Ideen.

Ziele

Schemapädagogik verfolgt in den Praxisfeldern Schule, Schulsozialarbeit und Jugendhilfe verschiedene Ziele:

> Förderung der Selbst- und Personalkompetenz der Fachkraft (Auseinandersetzung mit der Frage: Welche Schemata und Schemamodi liegen vor und welche potenziellen Auswirkungen haben sie im Alltag?).
> Prävention des „Ausbrennens" (Burn-out) (relevant in diesem Zusammenhang sind des

Öfteren die Schemata *Aufopferung* und *Streben nach Zustimmung und Anerkennung*).
- Herstellung einer tragfähigen Arbeitsbeziehung (hierzu müssen auch „schwierige" Jugendliche *beziehungstechnisch* dort abgeholt werden, wo sie stehen, denn ohne Beziehung „geht nichts").
- Reduktion von Unterrichtsstörungen/Verhaltensauffälligkeiten (gelingt der Fachkraft der Aufbau von Beziehungskredit – durch komplementäre Beziehungsgestaltung –, kontrolliert der „schwierige" Teenager unbewusst aus Sympathie seine negativen Schemamodi im Alltag).
- Förderung der Selbst- und Sozialkompetenz des Teenagers (innerhalb und außerhalb des Praxisalltags ist es dem Zu-Erziehenden infolge einer erfolgreichen schemapädagogischen Intervention möglich, seine Ausraster und sonstigen „fünf Minuten" zu reduzieren).

Literatur

- Damm, Marcus: Praxis der Schemapädagogik: Schemaorientierte Psychotherapien und ihre Potenziale für psychosoziale Arbeitsfelder. Stuttgart 2010
- Damm, Marcus/Werner, Stefan: Schemapädagogik bei jugendlichen Gewalttätern. Stuttgart 2011
- Damm, Marcus/Ebert, Marc-Guido: Das Schemapädagogische Selbstkontroll-Training: Didaktik und Methodik eines neuropädagogischen Konzepts zum Umgang mit schwierigen Schülern. Stuttgart 2012
- Damm, Marcus: Persönlichkeitsstörungen verstehen in der Schule, Schulsozialarbeit und Jugendhilfe 1: Schemapädagogik bei Narzissten, Histrionikern, antisozialen und Borderline-Persönlichkeiten. Stuttgart 2012a
- Damm, Marcus: Persönlichkeitsstörungen verstehen in der Schule, Schulsozialarbeit und Jugendhilfe 2: Schemapädagogik bei Paranoikern, Schizoiden, Sadisten und selbstverletzenden Heranwachsenden. Stuttgart 2012b
- Damm, Marcus: Persönlichkeitsstörungen verstehen in der Schule, Schulsozialarbeit und Jugendhilfe 1: Schemapädagogik bei passiv-aggressiven, zwanghaften, dependenten und ängstlichen Heranwachsenden. Stuttgart 2012c
- Sachse, Rainer u.a.: Grundlagen und Konzepte Klärungsorientierter Psychotherapie. Göttingen 2009
- Young, Jeffrey u.a.: Schematherapie: Ein praxisorientiertes Handbuch. Paderborn 2008

1. Konstruktiver Umgang mit herausfordernden Kindern

2010 erschien das Buch *Schemapädagogik: Möglichkeiten und Methoden der Schematherapie im Praxisfeld Erziehung* (DAMM 2010d). Hierin wird die vor dem Hintergrund der Entwicklungspsychologie förderliche Beziehungsgestaltung seitens der pädagogischen Fachkraft in Hinsicht die den Umgang mit Kleinkindern beschrieben.

Da im Praxisfeld Elementarpädagogik die Eltern in der Regel zur Förderung der kindlichen Entwicklungsbereiche miteinbezogen werden sollten, entstand in dieser Zeit auch die Idee eines speziellen Elterncoachings. In diesem Coaching sollten sowohl die Grundlagen der Schemapädagogik als auch die Bedeutung der einzelnen kindlichen Entwicklungsbereiche vermittelt werden (u.a. kognitiver Bereich, motorischer B., sozial-emotionaler B., Sprachentwicklung). 2013 wurde dieses Projekt dann veröffentlicht.

Das Schemapädagogische Elterntraining (SET©)

Das sogenannte *Schemapädagogische Elterntraining (SET©)* (DAMM 2013) beinhaltet entsprechend klassische Elemente eines Fachvortrags wie auch Workshops. Es ist fachlich mit aktuellen neurowissenschaftlichen, psychotherapeutischen und kommunikationspsychologischen Erkenntnissen unterfüttert und besteht aus sieben Themenbereichen:

- **Ein Blick in das Gehirn des Kindes** (Neurobiologie der ersten Lebensjahre).
- **Neuronale Auswirkungen von frühkindlichen Erfahrungen** (Entstehung und potenzielle lebenslange Folgen von subjektiven Selbst- und Fremdwahrnehmungsmustern/Schemata).
- **Erziehungsaufgabe I: Empathisch kommunizieren** (Kommunikationsquadrat von Schulz von Thun, Grundlagen der Empathie-Entwicklung).
- **Erziehungsaufgabe II: Die Selbstwirksamkeit des Kindes fördern** (Grundlagen des Selbstkonzepts, selbstwirksamkeitsfördernde Situationen, die das Kind selbst konzipiert, erkennen bzw. durch „bewusstes Heraushalten" unterstützen).
- **Erziehungsaufgabe III: Spiel und Bewegung fördern** (Flowkonzept, neuronale Auswirkungen von Spiel- und Bewegungssituationen in der Kindheit).
- **Erziehungsaufgabe IV: Grenzen setzen und konsequent sein** (Psychologie und mögli-

che Auswirkungen der drei Erziehungsfehler nach Michael Winterhoff: Symbiose, Partnerschaftlichkeit, Projektion).
- ➢ **Stärkung des „gesunden Erwachsenen-Ichs"** (u.a. universelle innerpsychische Vielfalt an Ich-Zuständen – etwa Kind-Ich, Eltern-Ich –, deren neuronalen Grundlagen und Auswirkungen; Möglichkeiten der Förderung des sogenannten Modus des Gesunden Erwachsenen).

Didaktik und Methodik des neuropädagogischen Workshops

Das *Schemapädagogische Elterntraining (SET©)* besteht aus einer Powerpoint™-Präsentation (94 Folien) inklusive Videos, einem Elternfragebogen sowie mehreren Textblättern und Reflexionsbögen. Die Arbeitsmaterialien können auch im Rahmen einer Erzieherinnen-Fachtagung im Rahmen eines „Fachkompetenz-Update" eingesetzt werden, die Präsentation ebenso.

Die einzelnen Folien der Präsentation erklären sich, und das ist bewusst so intendiert, von selbst, weshalb nur wenig fachliches Vorwissen vorhanden sein muss.

Vor allem wurde Wert gelegt auf die didaktische Reduzierung der fachlichen Inhalte, um einen größtmöglichen Lernerfolg auf Elternseite erzielen zu können. Eine erste Evaluation des *Schemapädagogischen Elterntrainings* wies tendenziell eine auf den ersten Blick gute Verständlichkeit und Praxisrelevanz nach.

Insgesamt 27 Videos zeigen beispielhaft die lebenspraktische Relevanz der Ausführungen auf. Zu sehen sind beispielsweise „kindliche Ausraster", Spiel- und Bewegungssituationen, Flow-Momente, aber auch klassische Erziehungsfehler.

Etwa 100 bis 120 Minuten sind für dieses Eltern-Coaching anzusetzen. Die Powerpoint™-Präsentation sowie alle Materialien können Sie bei mir gegen eine Schutzgebühr von 20,- Euro bestellen, am besten via E-Mail (info@marcus-damm.de).

1.1 Der schemapädagogische Handwerkskoffer (für das Grundschulalter)

Erreichen Kinder das Grundschulalter, ist die Entwicklung des Gehirns bereits rasant vorangeschritten. D.h., Schemata und Schemamodi haben sich in der Regel schon neuronal eingebrannt (ROEDIGER 2009a).

Für pädagogische Fachkräfte, die mit dieser Altersgruppe (6 bis 10 Jahre) zu tun haben, wurde der folgende schemapädagogische Handwerkskoffer entwickelt. Bei der Erstellung war mit besonders das Buch *Schematherapie mit Kindern und Jugendlichen* (LOOSE, GRAAF & ZARBOCK 2013) sehr hilfreich.

Folgende Methoden/Interventionen werden beschrieben:

- Das **Schemascreening** wird in Partnerarbeit mit dem jeweiligen Kind ausgefüllt. Es bringt dann letzen Endes Schema-Tendenzen zum Vorschein. Die Ergebnisse offenbaren meistens einen speziellen Förderbedarf.
- Mithilfe der **Stühlearbeit** wird das (schemamodusgeleitete) herausfordernde Verhalten eines „schwierigen" Kindes empathisch gespiegelt. Es handelt sich hierbei um eine psychoedukative Methode.
- Das **Modusinterview** (Exploration) hilft einem herausfordernden Kind dabei, sich über die Ursachen und Auswirkungen seiner „fünf Minuten" (= Schemamodusaktivierung) bewusst zu werden.
- Das **Nach-den-fünf-Minuten-Memo** wird im Anschluss an einen „Ausraster" gemeinsam mit dem Kind ausgefüllt. Es dient ebenfalls der Psychoedukation.
- Mithilfe der **humorvoll-empathischen Stühlearbeit** soll aufseiten des herausfordernden Kindes ein Problembewusstsein angeregt werden.
- Das **Psychospiel „Expertenrolle"** dient dem Aufbau von Beziehungskredit (SACHSE 2003). Es wird in der Phase des sogenannten komplementären Beziehungsaufbaus praktiziert.

1.1.1 Schemascreening

Das Schemascreening (siehe die nächsten beiden Seiten) ist eine „Light-Version" des Schemafragebogens (siehe Online-Materialien). Das Screening bietet sich an bei Kindern, die nicht das nötige „kognitive Durchhaltevermögen" für den umfangreichen Schemafragebogen aufbringen.

Das Screening besteht aus 18 Aussage-Paaren, die eben in Zusammenhang stehen mit den 18 Schemata, die in der Schematherapie verortet sind (Young et al. 2008).

Das Kind schätzt sich selbst zu den Aussagen ein, und zwar mithilfe von Smiley-Symbolen (nettes Smiley, neutrales Smiley, trauriges Smiley). Die Punkte, die mit den jeweiligen Smiley-Gesichtern zusammenhängen, werden in einer Tabelle am Ende des Screenings zusammengefasst.

Im Anschluss an das Interview wird der Heranwachsende für seine Top 2 (oder 3) Muster empathisch sensibilisiert („Schau mal, du hast hier wahrscheinlich einen Hinweis darauf, dass es einen sehr hilfsbreiten Anteil in dir gibt!") (= Schema Aufopferung).

Das Schemascreening kann zu Beginn der Zusammenarbeit als Arbeitsauftrag ausgegeben werden. Sollte es dann irgendwann zu Beziehungsstörungen oder sonstigen Zwischenfällen kommen, bietet sich das Modusinterview an (siehe unten), um dann während der Konfrontation mit dem jeweiligen problematischen Verhalten Querverbindungen herstellen zu können, die die Selbsteinsicht fördern sollen.

			Schemascreening (für Heranwachsende ab 8 Jahre)[3]

Name: Datum:

Geboren am: Schule/Klasse:

Lies dir die Sätze unten durch. Wenn das, was im Satz steht, auch auf dich passt, kreuze das lachende Gesicht an (= ☺). Wenn es nur ein bisschen passt, kreuze das mittlere Gesicht an (= 😐). Wenn der Satz gar nicht auf dich passt, kreuze das traurige Gesicht an (= ☹).

☺	😐	☹	
☺	😐	☹	1. Ich bin nicht gerne alleine und brauche immer Freunde und Bekannte um mich herum.
☺	😐	☹	2. Ich habe Angst davor, im Stich gelassen zu werden.
☺	😐	☹	3. Ich glaube oft, dass die anderen mir was Böses wollen.
☺	😐	☹	4. Ich erzähle nicht gerne viel von mir, weil ich Angst davor habe, ausgelacht zu werden.
☺	😐	☹	5. Ich bin immer vorsichtig und habe Angst, krank zu werden oder mich zu verletzen.
☺	😐	☹	6. Ich mache mir oft Sorgen, dass meiner Familie was Schlimmes passiert.
☺	😐	☹	7. Ich brauche noch oft die Hilfe meiner Eltern.
☺	😐	☹	8. Meine Eltern machen sehr viel für mich, und ich mache sehr viel für meine Eltern.
☺	😐	☹	9. Meine Eltern kümmern sich nicht im mich, ich bekomme wenig Liebe und meine Eltern beschäftigen sich wenig mit mir.
☺	😐	☹	10. Mein Wunsch nach Liebe wird nicht gut erfüllt.
☺	😐	☹	11. Ich bin am liebsten alleine.
☺	😐	☹	12. Ich habe keine Freunde und brauche auch keine.
☺	😐	☹	13. Ich habe viele Fehler und schäme mich dafür.
☺	😐	☹	14. Ich bin ein Loser.
☺	😐	☹	15. Die anderen sind viel mutiger und cooler als ich.
☺	😐	☹	16. Ich fühle mich oft ganz klein.
☺	😐	☹	17. Ich gebe anderen recht, um keinen Streit zu bekommen.
☺	😐	☹	18. Ich bin lieb zu anderen, um keinen Streit zu bekommen.
☺	😐	☹	19. Ich strenge mich mehr als andere in der Schule an.
☺	😐	☹	20. In meiner Freizeit lerne ich viel für die Schule.
☺	😐	☹	21. Ich bin cooler und intelligenter als andere.
☺	😐	☹	22. Die Regeln, die für andere gelten, gelten für mich nicht.
☺	😐	☹	23. Ohne meine Mami/meinen Papa unternehme ich nichts.
☺	😐	☹	24. Wenn es meiner Mami/meinem Papa schlecht geht, geht es mir auch schlecht.

---

[3] Diese Methode finden Sie auch im Online-Material.

☺ ☹ ☹	25. Wenn ich was machen soll, habe ich keine Lust dazu.		
☺ ☹ ☹	26. Ich habe keine Lust auf Hausaufgaben, Mitarbeit, Unterricht, früh aufstehen.		
☺ ☹ ☹	27. Ich bin immer für meine Freunde da.		
☺ ☹ ☹	28. Ich kümmere mich sehr viel um die Probleme meiner Freunde.		
☺ ☹ ☹	29. Ich möchte für andere alles richtig machen.		
☺ ☹ ☹	30. Wenn andere mich doof oder blöd finden, halte ich das kaum aus.		
☺ ☹ ☹	31. Meine wahren Gefühle halte ich lieber zurück, ich habe Angst davor, dann abgelehnt zu werden.		
☺ ☹ ☹	32. Wenn ich lieb, normal und brav bin, haben mich meine Eltern lieb.		
☺ ☹ ☹	33. Ich sehe oft die bösen Seiten an den anderen.		
☺ ☹ ☹	34. Wenn mir was Schönes passiert, denke ich, dass bald wieder was Doofes passiert.		
☺ ☹ ☹	35. Wenn ich einen Fehler mache, sollte ich dafür bestraft werden.		
☺ ☹ ☹	36. Wenn andere einen Fehler machen, möchte ich sie dafür bestrafen.		

Zählen Sie nun die Punkte je Fragenpaar (1. + 2.; 3. + 4.; 5. + 6. usw.) in der folgenden Tabelle zusammen. Ergibt die Summe bei einem Fragepaar die Zahl 4, kann das ein Indiz für die Existenz des entsprechenden Schemas beim Betreffenden sein. Natürlich müssen hierfür noch Beobachtungen im Praxisalltag hinzugenommen werden.

Bewertungsschlüssel

☺	= 2 Punkte
☹	= 1 Punkt
☹	= 0 Punkte

Lebensfalle/Schema	Fragen-Nr.	Smiley-Summe/höchster Wert
Verlassenheit/Instabilität	1. + 2.	
Misstrauen/Missbrauch	3. + 4.	
Verletzbarkeit	5. + 6.	
Abhängigkeit/Inkompetenz	7. + 8.	
Emotionale Vernachlässigung	9. + 10.	
Soziale Isolation	11. + 12.	
Unzulänglichkeit/Scham	13. + 14.	
Erfolglosigkeit/Versagen	15. + 16.	
Unterwerfung/Unterordnung	17. + 18.	
Überhöhte Standards/unerbittliche Ansprüche	19. + 20.	
Anspruchshaltung/Grandiosität	21. + 22.	
Verstrickung/unterentwickeltes Selbst	23. + 24.	

Unzureichende Selbstkontrolle/Selbstdisziplin	25. + 26.	
Aufopferung	27. + 28	
Streben nach Zustimmung und Anerkennung	29. + 30.	
Emotionale Gehemmtheit	31. + 32.	
Negatives hervorheben	33. + 34.	
Bestrafungsneigung	35. + 36.	

1.1.2 Stühlearbeit

Mithilfe dieser Intervention[4] wird das Kind zum Perspektivwechsel motiviert, indem man sein herausforderndes Verhalten, das auf einem bestimmten Ich-Anteil basiert, vor seinen Augen möglichst authentisch spiegelt.

Für diese Übung brauchen Sie drei Stühle, die mit Karten „etikettiert" werden. Sie haben einen Fachkraft-, einen Problem- und einen Supervisorstuhl; diese werden für den Teenager codiert mit: „Frau X-/Herr X-Stuhl", „[Name des problematischen Schemamodus einfg.]-Stuhl" (etwa „Aggro-Kevin"-Stuhl) und „Trainerstuhl".

Sodann orientiert sich die Fachkraft an folgende Struktur:

1. **Übung erklären.** Die Fachkraft erläutert den Ablauf und das Ziel der Stühlearbeit („Ich zeige dir gleich, wieso der Mobber-Kevin (o.Ä.) ein Problem für mich ist, wenn er im Alltag aktiviert wird!") und das Setting („Du schlüpfst später in meine Rolle und ich in die problematischste von deinen, nämlich in den Mobber-Kevin (o.Ä.)! Für diese Übung habe ich drei Stühle hier stehen; wenn man sich auf einen dieser Stühle setzt, schlüpft man automatisch in die Rolle, die auf dem Zettel steht! Pass mal auf, ich zeigs dir!").

2. **Die Fachkraft macht den Anfang.** Zunächst setzt sich die/der Erwachsene auf den Stuhl von Frau X/Herr X, switcht um in den erwachsenen Modus und kommuniziert ein paar Anekdoten aus dem Praxisalltag („Achtung! Ich schlüpfe jetzt mal in meine freundliche Rolle, die du sicher kennst!"). Die Fachkraft spielt ein, zwei Minuten den moralisch-relevanten Modus vor.

3. **Das Kind imitiert den freundlichen Bewusstseinszustand der Fachkraft.** Der/die Erwachsene animiert das Kind jetzt dazu, auf dem Frau X-/Herrn X-Stuhl Platz zu nehmen und „typische Sätze" aus der Praxis zu rezitieren („Also, du setzt dich jetzt auf den Stuhl da und verwandelst dich dabei in mich; spiel mir mal ein bisschen vor, wie du mich im Alltag erlebst!" Auf drei: Eins, zwei, drei – hinsetzen und los!")

4. **Die Trainerposition vertreten.** Die Fachkraft, die immer wieder auf dem Trainer-Stuhl Platz nimmt und reflektierend Einfluss nimmt, spricht nun über das Problem („So, steh

---

[4] Diese Methode finden Sie auch in den Online-Materialien.

mal auf, nun bist du wieder du selbst! Jetzt hast du meine Rolle im Alltag mal eingenommen! Setz dich nun mal auf den Herrn X-Stuhl von eben. Ich setze mich gleichzeitig auf den „Aggro-Kevin"-Stuhl!").

5. **Das Problem konfrontativ inszenieren.** Die Fachkraft provoziert nun in der Rolle des Aggro-Kevin (o.Ä.) die „Fachkraft" (= den Heranwachsenden). Sobald das Kind aufgrund der Provokationen nicht mehr die Rolle der „netten Fachkraft" spielen kann, steht die Fachkraft spontan auf, nimmt auf dem Trainer-Stuhl Platz und ermahnt zur Disziplin („Halt! Du bist draußen, bleib in meiner Rolle!"). Danach setzt sich die Fachkraft wieder auf den Problemstuhl und fährt fort.

6. **Gemeinsames Reflektieren und Abschluss.** Nach einigen Minuten der „Provokationen" (vonseiten der Fachkraft) setzt sich der Erwachsene auf den Trainerstuhl und beendet die Übung („So, stopp! Das wars erstmal. Ich wollte dir damit zeigen, dass ich manchmal meine Probleme mit deinem Aggro-Kevin habe. Das war es schon, ansonsten bist du ja ein netter Kerl. Was ist nun bei dir angekommen? Was können wir da in Zukunft machen? usw."

Ziel ist die Förderung der Selbsteinsicht seitens des Kindes! **Wichtigste Voraussetzung für diese Übung: Das Kind muss sich im Modus des Gesunden Erwachsenen befinden!**

1.1.3 Modusinterview (Exploration)

Das Modusinterview dient dazu, das Kind in Hinsicht auf seinen (im Praxisfeld Erziehung) manchmal problematischen Schemamodus zu sensibilisieren. Es geht auch um die entsprechenden Ursachen und tendenziell negativen Auswirkungen heutzutage.

Die Fachkraft und der Heranwachsende bearbeiten gemeinsam den Bogen (siehe die nächsten beiden Seiten). Ausschließlich das Kind aber schreibt seine Reflexionen in die dafür vorgesehenen Stellen hinein. Das Modusinterview[5] wird dem Betreffenden im Anschluss an das Gespräch ausgehändigt („So, mein Guter, schau da mal öfter rein!").

Es werden folgende Themen angesprochen:

1. Herkunft des (kompensatorischen) Schemamodus.
2. Nutzen und Vorteile des betreffenden Schemamodus (damals).
3. Reflexion über den Schemamodus, der natürlich auch bei anderen Personen im sozialen Umfeld vorhanden ist.
4. Einschätzung des Schemamodus aus der Sicht des Gesunden Erwachsenen.
5. Körperliche, emotionale und kognitive Auswirkungen einer typischen Schemamodus-Aktivierung.

---

[5] Diese Methode finden Sie auch in den Online-Materialien.

	Ich-Interview

1. Herkunft des (mittlerweile manchmal) problematischen Ichs:

Zum ersten Mal ist mein kompetentes Ich namens _____ [Ich-Bezeichnung und Vornamen hinschreiben, etwa Aggro-Kevin] im Alter von ___ Jahren aufgetreten.

(Genaue Beschreibung der Erlebnisse mit dem betreffenden Ich)

_____
_____
_____

2. Nutzen und Vorteile des (mittlerweile manchmal) problematischen Ichs

Damals hat mir dieses Ich folgende Vorteile gebracht.

(Genaue Beschreibung der Vorteile dieses Ichs)

_____
_____
_____

3. Ich-Perspektive

Auch andere Menschen haben dieses Ich (im Freundes- oder Familienkreis)

(Genaue Beschreibung der bekannten Personen mit diesem Ich)

_____
_____
_____

4. Einschätzung dieses Ichs aus heutiger Perspektive

Welche Vor- und Nachteile bringt mir dieses Ich im Hier und Jetzt?

(Genaue Beschreibung der Vor- und Nachteile)

_____
_____
_____

5. **Wenn dieses Ich im Alltag an Kraft gewinnt, also aktiviert wird, dann merke ich das! Es zeigt sich in Gedanken, Gefühlen und körperlichen Reaktionen!**

Gedanken:
_____
_____
_____

Gefühle:
_____
_____
_____

Körperliche Reaktionen:
_____
_____
_____

1.1.4 Das Nach-den-fünf-Minuten-Memo

Das sogenannte Nach-den-fünf-Minuten-Memo[6] wird mit dem Kind nach der Bearbeitung gemeinsam reflektiert (siehe die nächsten beiden Seiten).

Zuvor haben schon Interventionen stattgefunden (Schemamodusgespräche, Schemamodus-Memo usw.). Diese haben leider nicht gefruchtet, weshalb es eben wieder zu einem unerfreulichen Vorfall gekommen ist, bei dem der „typische" Schemamodus die Hauptrolle gespielt hat.

Die wichtigste Voraussetzung: Das Kind muss sich wieder im Modus des Gesunden Erwachsenen befinden!

Das Nach-den-fünf-Minuten-Memo wird direkt im Anschluss(!) an eine weitere Verfehlung eingesetzt (wenige Minuten später).

Der Heranwachsende füllt das Memo in einer reizarmen Umgebung aus. Danach wird es gemeinsam besprochen und reflektiert!

---

[6] Diese Methode finden Sie auch in den Online-Materialien.

| Name: | **Wenn mein (manchmal) problematisches Ich wieder ausgeschaltet ist…** |

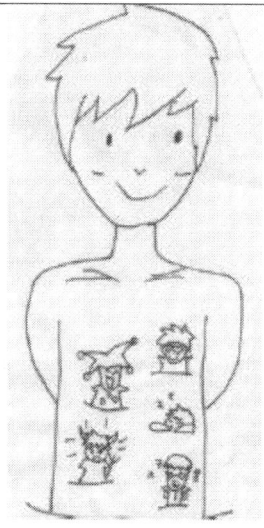

1. Was ist vorhin passiert und was denke ich jetzt darüber?

Ich denke, dass _____
weil vorhin Folgendes passiert ist: _____

Diese Gefühle habe ich jetzt:
_____
_____
_____

2. Was ist eigentlich passiert?

Mein (manchmal) problematisches Ich mit dem Namen _____ (Namen des Ichs + deinen Namen hinschreiben, etwa Aggro-Kevin) wurde vorhin angeschaltet und es passierte Folgendes:
_____
_____
_____

3. Gedankencheck!

Vorhin, als meine/mein _____ (Name des Ichs + Vornamen hinschreiben, etwa Aggro-Kevin) rauskam, glaubte ich, dass
_____
_____
_____

In Wirklichkeit – und jetzt spricht die/der clevere _____(Vorname) – aus mir, lief das Ganze so ab (clevere Einschätzung):

_____
_____
_____

4. Cleveres Verhalten für die Zukunft planen

Wenn ich in ähnlichen Situationen am liebsten wieder (nicht akzeptables Verhalten hinschreiben)...

_____
_____
_____

werde ich ERNSTHAFT versuchen, beim nächsten Mal folgendes Verhalten zu zeigen (cleveres Verhalten):

_____
_____
_____

_____   _____
Datum, Unterschrift des Kindes   Datum, Unterschrift der Fachkraft

1.1.5 Humorvoll-empathische Stühlearbeit

Die humorvoll-empathische Stühlearbeit[7] bietet sich an bei schweren Vergehen seitens eines Kindes, das noch keinerlei Psychoedukation in Sachen Ich-Anteile und deren Auswirkungen erfahren hat.

Für diese Übung sind sieben Stühle vorgesehen, die in Hufeisenform angeordnet werden. Außerdem muss die pädagogische Fachkraft Schemamoduskarten vorbereiten. Folgende Etikettierungen werden auf die Karten geschrieben: 2 x „Cleveres Ich", 2 x „Null-Bock-Ich", 2x „Scheißegal-Ich"; auf die siebte Karte wird „Harry Potter" geschrieben. Die Karten liegen umgedreht auf einem Tisch in dem Raum, in dem die Übung stattfindet.

Folgende Struktur wird beibehalten:

1. Begrüßung. = Knappe Vorstellung (Freundlichkeits- und Kumpelhaftigkeitsverbot!) („So, setz dich bitte mal auf einen dieser Stühle! Du weißt ja, warum, du hier bist, wir müssen über den Vorfall von vorhin sprechen!").

2. Die Fachkraft macht den Anfang. = Der Erwachsene setzt sich auf einen x-beliebigen Stuhl, switcht ganzheitlich in den Null-Bock-Modus und spricht dann sinngemäß aus: „Oah, ich hab jetzt eigentlich gar keinen Bock, mich schon wieder um so einen Vorfall zu kümmern! Eigentlich wäre ich um diese Uhrzeit schon zu Hause und würde vorm Fernseher sitzen!"

3. Stuhlwechsel. Nach einem kurzen Moment der Stille (ohne Blickkontakt) steht die Fachkraft auf und legt die Karte „Null-Bock-Ich" auf den Stuhl, auf dem sie saß (im Sichtfeld des Kindes). Dann setzt sich die Fachkraft auf den Nachbarstuhl, switcht um in den Modus Scheißegal-Ich und kommuniziert in etwa Folgendes: „Gut, da muss ich jetzt durch, und wenn der da mich gleich provoziert, geht mir das gepflegt am Popo vorbei, der kann sich aufregen, wie er will!" Nach diesem „Act" steht die Fachkraft wieder auf und legt die Karte „Scheißegal-Ich" auf den Stuhl. Nun kommt der dritte Stuhl ins Spiel, auf dem die „Clevere Fachkraft" ebenfalls was zum Besten gibt, etwa Folgendes: „Im Prinzip kann ich den (oder die) X gut leiden, ich weiß, dass er (sie) vorhin eben die fünf Minuten hatte und ein bisschen ausgeflippt ist! Ich will sehen, was ich tun kann, um die Sache zu klären!" Nach diesem kleinen Vortrag steht der Erwachsene auf, schaut den Heranwachsenden an und sagt: „Siehst du, ich habe viele Gesichter, Iche in mir – du auch! Und darum geht es hier!"

4. Stabwechsel. Nun ist das Kind an der Reihe. Es wird entsprechend motiviert: „So, jetzt nehme ich auf dem Harry-Potter-Stuhl Platz. Jetzt bist du dran, hier hast du die Karten mit den verschiedenen Ichen. Bleib ruhig sitzen und sag mal was, du sitzt ja schon, wie ich vorhin festgestellt habe, auf dem Scheißegal-Stuhl!"

---

[7] Diese Methode finden Sie auch in den Online-Materialien.

1.1.6 Psychospiel „Expertenrolle"

Herausfordernde Kinder sind „Meister der Manipulation". Das hat seine Gründe: Sie mussten über Jahre hinweg Strategien entwickeln, um das soziale Umfeld zur Erfüllung von Grundbedürfnissen schrittweise zu „zwingen" (das Thema kam wahrscheinlich oft viel zu kurz). Mithilfe der in ihrer (meist „schwierigen") Biografie erworbenen interaktionellen Kompetenzen schaffen sie es nunmehr spielend, den Gesprächspartner zu bestimmten Reaktionen zu bewegen. In der Regel erzwingen sie auf manipulative Art und Weise etwa (negative) Aufmerksamkeit, Anerkennung oder „Interesse".

Diese Bedürfnisse hängen auch mit diversen Beschäftigungen (Fußball, Kampfsport) oder altersspezifischen Statussymbolen (Markenklamotten) zusammen. Die pädagogische Fachkraft baut nun Beziehungskredit auf, indem sie an einem offensichtlichen Hobby oder Statussymbol „andockt", mit dem die (oder der) Heranwachsende offensichtlich das Prinzip „fishing for compliments" praktiziert. Dem Kind wird im Rahmen des Psychospiels „Expertenrolle"[8] eben die Rolle des Experten für die jeweilige Angelegenheit übertragen.

Gelingt der Einstieg in das Psychospiel, kann die Fachkraft auf folgenden assoziativen Lernprozess beim anderen bauen: Sobald das Kind über eine bedürfnisrelevante Aktivität/einen bedürfnisrelevanten Gegenstand erzählt, switcht es unbewusst in den Modus „Gesunder Erwachsener" oder „Glückliches Kind". Das Gehirn des Heranwachsenden verknüpft nun den visuellen Reiz (= pädagogische Fachkraft) mit den angenehmen Gefühlszuständen. Nach einigen Wiederholungen reicht der „antrainierte Reiz" namens „pädagogische Fachkraft" aus, um unbewusst eine positive Stimmungslage zu provozieren. Die Beziehung verbessert sich! Folgende Struktur wird bei der Praxis dieser Übung berücksichtigt:

1. **Beobachtungsphase.** = Der Erwachsene muss herausfinden, mit welcher Masche, Freizeitbeschäftigung bzw. mit welchem „Statussymbol" das Kind soziale Anerkennung, Bewunderung usw. provoziert.
2. **Kreativphase.** = Die (oder der) Professionelle überlegt sich einen Gesprächseinstieg, um das Psychospiel „Expertenrolle" möglichst frei vom Eindruck des „Einschleimens" anzuregen.
3. **Testphase.** = Nun folgen die ersten Tests („Mein Neffe hat bald Geburtstag, er möchte ein neues Handy; leider bin ich handytechnisch gesehen völlig unwissend: Was kann denn dein Handy so?" Oder: „Du spielst doch beim Ludwigshafener SV Fußball. Der Sohn eines Kollegen sucht einen Verein. Seid ihr gut?" Ziel ist es, ein „Expertengespräch" anzuregen, bei dem man nur eines tut: aktiv zuhören und sich „coachen" lassen.
4. **Nachhaltigkeitsphase.** Zwei, drei „Expertengespräche" pro Woche müssen schon praktiziert werden, um den Betreffenden auf der Beziehungsebene auf seine Seite zu ziehen.

---

8   Diese Methode finden Sie auch in den Online-Materialien.

2. Konstruktiver Umgang mit herausfordernden Jugendlichen

Es klingt eigentlich lapidar: Teenager *und* Fachkräfte bringen ihre Biografie, persönlichen Kompetenzen und charakterlichen Anpassungen aus der frühen Kindheit mit in den Gruppenraum. Diese Tatsache bringt so manche Konflikte mit sich, die mit dem üblichen pädagogischen Handwerkskoffer gar nicht in den Griff zu bekommen sind. Als Pädagoge kratzt man daher entsprechend nur ein bisschen an der Charakteroberfläche des Teenagers.

Klar ist, dass ich den Jugendlichen erst mal auf der Beziehungsebene „abholen" muss. Denn ohne Beziehung geht „nix". Noch schlimmer: Wenn mich mein „schwierigster" Fall gar als „Feind" ansieht, dann heißt das: es wird Krieg geben. Und den kann ich in der Regel gar nicht gewinnen, weil – Pardon! – Kevin, Max, Tyron und Co. viel stärker ausgerüstete „Armeen" haben als ich. Der Grund liegt in der Regel in der üblicherweise schwierigen Biografie, die den Jugendlichen hat erst so „schwierig" werden lassen.

D.h., ich muss erst einmal so etwas wie eine Beziehung aufbauen. Dass dieses Unternehmen sehr schwer ist, wissen Sie selbst. Der Trick ist folgender: Ich muss – und daran führt kein Weg vorbei – wenigstens kurz an der „Welt" des Teenagers andocken und mich auf ihn einlassen. Genauer gesagt, auf seine Welt-Konstruktion.

Die subjektiv hochrelevanten Themen, Hobbys bzw. Statussymbole sind tatsächlich die „emotionalen Eingangstüren". Denn mithilfe von Hobbys, Statussymbolen usw. erfüllen sich unsere „Härtefälle" ihre Bedürfnisse nach Anerkennung, Respekt, Selbstwerterhöhung usw. (DIECKMANN 2011).

Im Folgenden werden Methoden zum komplementären Beziehungsaufbau, zur Förderung eines Problembewusstseins und zur Stärkung der Emotionskontrolle beschrieben.

2.1 Der schemapädagogische Handwerkskoffer (für das Jugendalter)

Der schemapädagogische Handwerkskoffer für das Teenageralter umfasst nach aktuellem Stand folgende Interventionen:

- Das **konfrontative Schemamodusgespräch** kann im Anschluss an den komplementären Beziehungsaufbau sehr schnell zur Förderung eines Problembewusstseins führen. Thematisiert wird dann etwa der „Aggro-" oder der „Manipulierer-Kevin".
- Mithilfe der **Rollentausch-Partnerübung** wird aufseiten des Jugendlichen ein Perspektivwechsel erzwungen: Er muss die Rolle der pädagogischen Fachkraft einnehmen, während er vom Erwachsenen schemamodusspezifisch gespiegelt wird.
- Der **„Helfende Stuhl"** wurde speziell für Teenager mit typischen „Mobbingopfereigenschaften konzipiert (WERNER 2013b); er bietet sich auch in unserem Rahmen an.
- Die **konfrontative Biografiebrücke** soll den Jugendlichen psychoedukationstechnisch für seinen Wiederholungszwang sensibilisieren.
- Das **Psychospiel „Expertenrolle"** ermöglicht einen schnellen Beziehungsaufbau.
- Die **aktivierende Ressourcenkonfrontation (inkl. Erweiterung um die Schemamodusperspektive)** zwingt den Jugendlichen zur Auseinandersetzung mit der Frage: Warum werden die Potenziale/Ressourcen nicht prosozial genutzt (WERNER 2013a)?
- Das **empathisch-humorvolle Schemamodusgespräch** soll den Teenager für einen problematischen Schemamodus sensibilisieren.
- Der **„Heiße Stuhl" (inkl. Erweiterung um die Schemamodusperspektive)** ist in der Konfrontativen Pädagogik verortet (KILB, WEIDNER & GALL 2009); er kann aber auch in unserem Rahmen gewinnbringend sein (Achtung: Nur im Beisein eines Profis durchführen!).
- Das **Ein-Personen-Rollenspiel (inkl. Erweiterung um die Schemamodusperspektive)** dient der kognitiven Festigung von gemeinsamen Absprachen (SACHSE et al. 2008).
- Die **humorvoll-empathische Stühlearbeit** sensibilisiert den Teenager wieder für einen bestimmten Schemamodus.
- Das **Psychospiel „Füttern zwischen Tür und Angel"** ist wieder dem Beziehungsaufbau dienlich.
- Das **Modusinterview (Exploration)** ist eine psychoedukative Methode.
- Mithilfe des **Schemascreenings** werden schnell Schemata von Teenagern ermittelt.
- Das **Nach-den-fünf-Minuten-Memo** zwingt den Jugendlichen zur Auseinandersetzung mit erneuten Ausrastern und „Rückfällen".
- Das **Psychospiel „Good Cop – Bad Cop"** soll Konflikte und Machtkämpfe entschärfen.
- Die **emotionale Verunsicherung (mit Handy)** ist eine Methode für den Notfall.
- Das **Psychospiel „Öl ins Feuer – bis der Lachanfall kommt"** soll aufseiten des Jugendlichen den Modus des Gesunden Erwachsenen fördern.
- Die **Besinnungstexte** können u.a. bei folgenden Verfehlungen zur Bearbeitung ausgeteilt werden: Aggression/Gewalt, Mobbing, Manipulationen, Arbeitsverweigerung.

2.1.1 Konfrontatives Schemamodusgespräch

Die konfrontative Gesprächsform[9] kommt dann zum Einsatz, wenn andere – „gut" gemeinte, humanistisch-orientierte – Gespräche nicht gefruchtet haben. Sie gilt als *Ultima Ratio* und erlaubt dem Täter nicht, sich aus der Verantwortung herauszureden oder etwas zu verharmlosen.

Sie kann bei folgenden Auffälligkeiten eingesetzt werden: Mobbing, aggressives Verhalten, Provokationen, Manipulationen, Psychospielen.

Wichtig: Die pädagogische Fachkraft übernimmt die Gesprächsführung, demonstriert Entschlossenheit; sie wirkt selbstbewusst, meint es ernst (Humor- und Kumpelhaftigkeitsverbot!). Folgender Leitfaden wird berücksichtigt:

1. **Den Gesprächsbedarf einfordern und den Sachverhalt abklären.** = Konfrontation mit dem jeweiligen konfliktträchtigen Verhalten. Das Problem wird „ausgelagert", d.h. auf einen passenden Ich-Anteil bezogen („Mobber-Kevin", „Aggro-Kevin", „Provozierer-Kevin", „Verarscher-Kevin"), um die „Abwehr aus Selbstschutz" auszuhebeln. Einige Beispiele: „Wir haben festgestellt, dass der Mobber-Kevin wieder vermehrt aus dir spricht!" – „Dein Aggro-Kevin hat gestern wieder Mist gebaut!"
2. **Verantwortungsübernahme klären.** = Das Problem wird klar herausgestellt. „Dein Mobber-Kevin ist daran schuld, dass es X jetzt schlecht geht!" – „Warum kontrollierst du nicht dein sadistisches Ich in dir!?"
3. **Konfrontativer Umgang mit Rechtfertigungen und Ausreden.** = Standhaft in der Argumentation und konkret bleiben! „Der Mobber-Kevin in dir hat X letzte Woche systematisch fertiggemacht. Ende! Ist so!"
4. **Ursachen klären.** = Der Täter wird (konfrontativ) dazu animiert, die wahren Ursachen - die mit eigenen(!) Anliegen zusammenhängen - herauszufinden. (Bleibt der Klient dabei im Modus des Gesunden Erwachsenen („Ich war halt an dem Tag scheiße drauf!"), schaltet die Fachkraft in Sachen Konfrontation einen Gang runter und kommt dem Täter auf der Beziehungsebene empathisch entgegen: „Das verstehe ich – und trotzdem ...").
5. **Ressourcenaktivierung.** = Gemeinsame Absprachen treffen und den Klienten in die Pflicht nehmen. „Wenn du das nächste Mal Frust schiebst und den Mobber-Kevin aktivieren willst, muss das anders laufen. Ich möchte jetzt Vorschläge von dir hören, wie das vonstatten gehen wird!"
6. **Verabschiedung.** = Entweder konfrontativ-unempathisch („Du kontrollierst ab jetzt deinen Mobber-Kevin oder wir zwei bekommen ernsthafte Probleme!") oder empathisch („Du bist ein guter Kerl, du schaffst das!").

---

[9] Diese Methode finden Sie auch in den Online-Materialien.

2.1.2 Rollentausch (Stühlearbeit-Partnerübung)

Mithilfe dieser Intervention[10] wird der Klient konfrontativ zum Perspektivwechsel motiviert, indem man sein herausforderndes Verhalten, das auf einem bestimmten Ich-Anteil basiert, vor seinen Augen möglichst authentisch spiegelt. Für diese Übung brauchen Sie drei Stühle, die mit Karten „etikettiert" werden. Sie haben einen Fachkraft-, einen Problem- und einen Supervisorstuhl; diese werden für den Teenager codiert mit: „Frau X-/Herr X-Stuhl", „[Name des problematischen Schemamodus einfg.]-Stuhl" (etwa „Aggro-Kevin"-Stuhl) und „Trainerstuhl". Struktur:

1. **Übung erklären.** Die Fachkraft erläutert den Ablauf und das Ziel der Stühlearbeit („Ich zeige dir gleich, wieso der Mobber-Kevin (o.Ä.) ein Problem für mich ist, wenn er im Alltag aktiviert wird!") und das Setting („Du schlüpfst später in meine Rolle und ich in die problematischste von deinen, nämlich in den Mobber-Kevin (o.Ä.)! Für diese Übung habe ich drei Stühle hier stehen; wenn man sich auf einen dieser Stühle setzt, schlüpft man automatisch in die Rolle, die auf dem Zettel steht! Pass mal auf, ich zeigs dir!").
2. **Die Fachkraft macht den Anfang.** Zunächst setzt sich die/der Erwachsene auf den Stuhl von Frau X/Herr X, switcht um in den erwachsenen Modus und kommuniziert ein paar Anekdoten aus dem Praxisalltag („Achtung! Ich schlüpfe jetzt mal in meine freundliche Rolle, die du sicher kennst!"). Die Fachkraft spielt ein, zwei Minuten den moralisch-relevanten Modus vor.
3. **Der Teenager imitiert den freundlichen Bewusstseinszustand der Fachkraft.** Der/die Erwachsene animiert den Jugendlichen jetzt dazu, auf dem Frau X-/Herrn X-Stuhl Platz zu nehmen und „typische Sätze" aus der Praxis zu rezitieren („Also, du setzt dich jetzt auf den Stuhl da und verwandelst dich dabei in mich; spiel mir mal ein bisschen vor, wie du mich im Alltag erlebst!" Auf drei: Eins, zwei, drei – hinsetzen und los!")
4. **Die Trainerposition vertreten.** Die Fachkraft, die immer wieder auf dem Trainer-Stuhl Platz nimmt und reflektierend Einfluss nimmt, spricht nun über das Problem („So, steh mal auf, nun bist du wieder du selbst! Jetzt hast du meine Rolle im Alltag mal eingenommen! Setz dich nun mal auf den Herrn X-Stuhl von eben.").
5. **Das Problem konfrontativ inszenieren.** Die Fachkraft provoziert nun in der Rolle des Aggro-Kevin (o.Ä.) die „Fachkraft" (= den Jugendlichen). Sobald der Teenager aufgrund der Provokationen nicht mehr die Rolle der „netten Fachkraft" spielen kann, steht die Fachkraft spontan auf, nimmt auf dem Trainer-Stuhl Platz und ermahnt zur Disziplin („Halt! Du bist draußen, bleib in meiner Rolle!"). Danach setzt sich die Fachkraft wieder auf den Problemstuhl und fährt fort.
6. **Gemeinsames Reflektieren und Abschluss.** Nach einigen Minuten der „Provokationen" (vonseiten der Fachkraft) setzt sich der Erwachsene auf den Trainerstuhl und beendet die Übung („So, stopp! Das wars erstmal. Ich wollte dir damit zeigen, dass ich manchmal meine Probleme mit deinem Aggro-Kevin habe. So, ansonsten bist du ja ein netter Kerl. Was ist nun bei dir angekommen? Was können wir da in Zukunft machen?") usw.

---

10   Diese Methode finden Sie auch in den Online-Materialien.

2.1.3 Helfender Stuhl (inkl. Erweiterung um die Schemamodusperspektive)

Der „Helfende Stuhl"[11] ist eine Methode im sog. AUFWIND-Programm (WERNER 2013b). Ursprünglich ist der HS eine Methode zur (Mobbing-)Opferreflexion, bei der die betreffenden Jugendlichen behutsam und empathisch mit ihrer Mobbing-Historie (-Biografie) bekannt gemacht werden.

Ziel ist es, authentische, biografisch-relevante Ursachen für das aktuelle Dilemma zu finden. Außerdem geht es um die Ressourcenaktivierung (= „Diese Stärken habe ich!") und um die Gestaltung konkreter Lösungswege, die den Betreffenden aus der aktuellen Problemsituation herausführen sollen.

Arbeitsmaterial: drei Stühle mit folgenden Etikettierungen (via Karteikarten): „Selbstbewusster Kevin", „Untergebener Kevin", „Trainer-Kevin".

Folgender Ablauf wird berücksichtigt:

1. **Psychoedukation.** = Zunächst wird der Jugendliche instruiert, welchen Sinn diese spezielle Stühlearbeit hat („Du zeigst verschiedene Gesichter im Alltag, genau drei wirst du gleich jeweils aus der Stuhlperspektive vorspielen! Ich zeig' dir mal, wie ich mir das vorstelle!").
2. **Die pädagogische Fachkraft macht die Übung vor.** Der Erwachsene nimmt nacheinander die drei Positionen ein und switcht beim Berühren des jeweiligen Stuhls in den entsprechenden Ich-Anteil. Begonnen wird mit dem Trainerstuhl (Modus des Gesunden Erwachsenen) („Jetzt spricht der Trainer aus mir, und ich vermittle zwischen dem „selbstbewussten Marcus" und dem „untergebenen Marcus"). Nun lässt die pädagogische Fachkraft jeden Schemamodus zu Wort kommen, sie bezieht sich dabei auf eigene biografische Erfahrungen. Danach kann man feststellen: „Ja, so war das bei mir früher!"
3. **Der Heranwachsende übernimmt.** Unter der Aufsicht der pädagogischen Fachkraft nimmt der Heranwachsende nun nacheinander die Stuhl-(Modus-)Perspektiven ein, beginnend mit dem Trainerstuhl.
4. **Die Fachkraft lenkt das Geschehen.** Es wird darauf geachtet, dass der Heranwachsende die entsprechenden Modi authentisch vorspielt. Es geht vor allem darum, aktuelle Probleme aus der Modus-Perspektive zu betrachten. Mithilfe des Trainer- und des „selbstbewussten Stuhls" werden Lösungsstrategien entworfen, die das aktuelle Problem (Mobbing o.Ä.) schrittweise ausheben sollen.

---

[11] Diese Methode finden Sie auch in den Online-Materialien.

2.1.4 Konfrontative Biografiebrücke

Diese Intervention[12] kann empathisch-humorvoll oder überwiegend konfrontativ praktiziert werden. Die theoretische Grundlage stellt die Schematheorie dar. Demnach haben aktuelle problematische Verhaltensweisen, die (a) regelmäßig und (b) automatisch in typischen Auslösesituationen gezeigt werden, **TRADITION**. D.h., mit an Sicherheit grenzender Wahrscheinlichkeit zeigte die/der Betreffende die aktuellen herausfordernden Verhaltensweisen auch in anderen Bildungsinstitutionen (Wochen, Monate beziehungsweise Jahre zuvor).

Es geht also darum, dem Teenager den „roten (Schemamodus-)Faden" bewusst zu machen, der sich durch seine Biografie zieht. Ziel ist die Vermittlung der Erkenntnis: „Zwar ändert sich immer wieder das soziale Umfeld, in dem ich mich bewege – die Probleme, die ich dann regelmäßig erlebe, bleiben trotzdem immer die gleichen. Also habe auch ICH einen Anteil am aktuellen Dilemma, es sind nicht nur die anderen daran schuld!"

Folgender Ablauf wird berücksichtigt:

1. **Für ein reizarmes Setting sorgen.** = Die (oder der) Betreffende befindet sich im Modus des Gesunden Erwachsenen und führt mit der Fachkraft unter vier Augen diese Übung durch, abseits der Peergroup.
2. **„Schemamodus-Gespräch light" praktizieren.** = Nach einem kurzen Small Talk, der dem komplementären Beziehungsaufbau 1:1 entspricht („Na, hast du am Wochenende wieder eine klargemacht?" o.Ä.), wird der problematische Schemamodus thematisiert („Ich möchte mit dir kurz über den Aggro-Kevin in dir sprechen – der ist ja derzeit ziemlich aktiv!" Das jeweilige Problem wird dann konkret geschildert („Der Aggro-Kevin...!").
3. **Biografiebrücke schlagen (konfrontativ und/oder empathisch).** = Irgendwann entsteht erfahrungsgemäß der innerpsychische Widerstand („Tja, würde X mich nicht ständig provozieren ...!"). Aus „heiterem Himmel" schlägt die Fachkraft dann die Biografiebrücke: „Ach, hör doch auf! Der Mobber-Kevin in dir hat letztes und vorletztes Jahr dieselbe Scheiße (alternativ: denselben Mist) gebaut! Erinnerst du dich?"
4. **Problemeinsicht und Lösungsstrategien einfordern.** Die Fachkraft bleibt gerade im Moment der entstehenden Verunsicherung („Wer hat Ihnen das verraten!?!") am Ball und besteht auf die Problemeinsicht („Hör zu: Wenn du jedes Schuljahr die gleichen Probleme mit anderen hast, obwohl du stets in neue Klassen kommst - was bedeutet das?") Ziel: Ein „Hauch von Selbsteinsicht" muss entstehen!
5. **Komplementärer Beziehungsaufbau und Verabschiedung.** Am Ende des Gesprächs bedankt sich die Fachkraft für die Mitarbeit und praktiziert dann noch kurz den komplementären Beziehungsaufbau.

---

[12] Diese Methode finden Sie auch in den Online-Materialien.

2.1.5 Psychospiel „Expertenrolle"

Herausfordernde Jugendliche sind „Meister der Manipulation". Das hat seine Gründe: Sie mussten über Jahre hinweg Strategien entwickeln, um das soziale Umfeld zur Erfüllung von Grundbedürfnissen schrittweise zu „zwingen" (das Thema kam wahrscheinlich oft viel zu kurz). Mithilfe der in ihrer (meist „schwierigen") Biografie erworbenen interaktionellen Kompetenzen schaffen sie es nunmehr spielend, den Gesprächspartner zu bestimmten Reaktionen zu bewegen. In der Regel erzwingen sie auf manipulative Art und Weise etwa (negative) Aufmerksamkeit, Anerkennung oder „Interesse". Diese Bedürfnisse hängen auch mit diversen Beschäftigungen (Fußball, Kampfsport) oder altersspezifischen Statussymbolen (Handy, Auto, Markenklamotten) zusammen. Die pädagogische Fachkraft baut nun Beziehungskredit auf, indem sie an einem offensichtlichen Hobby oder Statussymbol „andockt", mit dem die (oder der) Heranwachsende offensichtlich das Prinzip „fishing for compliments" praktiziert.

Dem Teenager wird im Rahmen des Psychospiels „Expertenrolle"[13] eben die Rolle des Experten für die jeweilige Angelegenheit übertragen. Gelingt der Einstieg in das Psychospiel, kann die Fachkraft auf folgenden assoziativen Lernprozess beim anderen bauen: Sobald der Teenager über eine bedürfnisrelevante Aktivität/einen bedürfnisrelevanten Gegenstand erzählt, switcht er unbewusst in den Modus „Gesunder Erwachsener" oder „Glückliches Kind". Das Gehirn des Teenagers verknüpft nun den visuellen Reiz (= pädagogische Fachkraft) mit den angenehmen Gefühlszuständen.

Nach einigen Wiederholungen reicht der „antrainierte Reiz" namens „pädagogische Fachkraft" aus, um unbewusst eine positive Stimmungslage zu provozieren. Die Beziehung verbessert sich! Folgende Struktur wird bei der Praxis dieser Übung berücksichtigt:

1. **Beobachtungsphase.** = Der Erwachsene muss herausfinden, mit welcher Masche, Freizeitbeschäftigung bzw. mit welchem „Statussymbol" der Teenager soziale Anerkennung, Bewunderung usw. provoziert.
2. **Kreativphase.** = Die (oder der) Professionelle überlegt sich einen Gesprächseinstieg, um das Psychospiel „Expertenrolle" möglichst frei vom Eindruck des „Einschleimens" anzuregen.
3. **Testphase.** = Nun folgen die ersten Tests („Mein Neffe hat bald Geburtstag, er möchte ein neues Handy; leider bin ich handytechnisch gesehen völlig unwissend: Was kann denn dein Handy so?" Oder: „Du spielst doch beim Ludwigshafener SV Fußball. Der Sohn eines Kollegen sucht einen Verein. Seid ihr gut?" Ziel ist es, ein „Expertengespräch" anzuregen, bei dem man nur eines tut: aktiv zuhören und sich „coachen" lassen.
4. **Nachhaltigkeitsphase.** Zwei, drei „Expertengespräche" pro Woche müssen schon praktiziert werden, um den Betreffenden auf der Beziehungsebene auf seine Seite zu ziehen.

---

[13] Diese Methode finden Sie auch in den Online-Materialien.

2.1.6 Aktivierende Ressourcenkonfrontation (inkl. Erweiterung um die Schemamodusperspektive)

Anstelle der üblicherweise defizitorientierten Konfrontation mit dem Fehlverhalten („Problemverhalten") werden im Zuge der sogenannten Aktivierenden Ressourcenkonfrontation[14] diejenigen Kompetenzen des Jugendlichen thematisiert (etwa Freundlich- und Verlässlichkeit in der Peergroup), die zwar durchaus im Freizeitbereich gezeigt werden, nicht aber in der Einrichtung (WERNER 2013b). Außerdem geht es um das Thema „Wieso nutzt du deine Kompetenzen im pädagogischen Alltag nicht in **prosozialer** Weise?". So können etwa Mobbing-Täter damit konfrontiert werden, sich zu fragen, warum sie ihre Macht, ihren Führungsanspruch und ihre Durchsetzungskraft nicht mal sozial erwünscht einsetzen (etwa gute Mitarbeit praktizieren, Schwächere unterstützen, Gruppenprobleme lösen).

Die „Aktivierende Ressourcenkonfrontation" ist geprägt von der Frage-Form („Warum ...", „Wie ...", „Weshalb ..." usw.). Folgender Ablauf gilt:

1. **Die problematischen Verhaltensweisen umdeuten, d.h. als Kompetenzen/Stärken definieren.** = Zuerst wird der mit dem Problemverhalten in Zusammenhang stehende Ich-Anteil verbalisiert, und zwar wertschätzend. Einige Beispiele: „Dein Aggro-Kevin hats drauf, wenn der aus dir rauskommt, hat keiner ne Chance!" – „Mal ehrlich, der Manipulierer-Kevin in dir kann ziemlich gut deine Erzieher austricksen!"
2. **Konfrontation (mittels Schemamodus Aggro-Pädagogin/-Pädagoge).** = Klärung der Frage: „Warum werden die Kompetenzen nicht im Positivstatus praktiziert?" Ebenfalls sollte in dieser Phase konfrontativ vorgegangen werden: „Warum nutzt du den Aggro-Kevin nicht, um hier für gerechte Gruppenverhältnisse zu sorgen?!" – „Warum sorgt dein Manipulierer-Kevin nicht dafür, dass du dich hier gut integrierst?"
3. **Bedürfnisdiagnose.** = Nachdem ein bisschen die „Fetzen fliegen", legt man nach fünf bis zehn Minuten der Konfrontation nunmehr den Fokus auf die dahinter liegende Bedürfnisebene. Hierzu muss aufseiten der pädagogischen Fachkraft der Modus des Gesunden Erwachsenen aktiviert werden: „Also, jetzt mal in aller Ruhe: Was bräuchtest du, um dich hier mehr reinzuhängen?" – „Wie müssten sich deine Mitschüler verhalten, dass du hier mal den netten Kevin anschmeißen würdest?" – „Was müsste sich allgemein hier ändern?"
4. **Vertrag abschließen.** = Gemeinsame Absprachen treffen und den Klienten in die Pflicht nehmen. „Wenn du das nächste Mal Frust schiebst und den Mobber-Kevin aktivieren willst, muss das anders laufen. Wir möchten jetzt Vorschläge von dir hören, wie das vonstatten gehen soll!"

---

[14] Diese Methode finden Sie auch in den Online-Materialien.

2.1.7 Empathisch-humorvolles Schemamodusgespräch

In der Regel müssen pädagogische Fachkräfte im Rahmen der Schemamoduseinführung insbesondere darauf achten, dass sie das innerpsychische Abwehrsystem des Teenagers („Das kann kann gar nicht sein!") nicht durch vorschnelles konfrontatives Auftreten aktivieren (also nicht so: „Du hast was ziemlich Fieses in dir!").

Das Motto lautet daher zunächst: (vor dem Hintergrund der Bedürfnisperspektive): Erst mal füttern, füttern, füttern – dann in das Schemamodusgespräch möglichst empathisch „überleiten". In diesem Fall wird also erst „kumpelhaft" vorgegangen, „um einen Fuß in die Tür zu bekommen". Und so geht's[15]:

1. **Ein Gespräch auf Augenhöhe suchen.** = Herausfordernde Teenager lassen sich nur dann auf ein Schemamodusgespräch ein und offenbaren erst dann die Kompetenz zur Selbsteinsicht, wenn sie den Modus des Gesunden Erwachsenen aktiviert haben. Ausschließlich in diesen Momenten ist das „kognitive Bearbeitungsfenster" offen.
2. **Füttern.** = Es ist ratsam, den Freizeitbereich des Betreffenden anzusprechen. Natürlich muss man sich hierzu einige Informationen vorher einholen (Welche Hobbys hat der Betreffende? Ist er in einem Verein tätig? Welche Grundbedürfnisse werden wahrscheinlich durch welches Hobby erfüllt?"). Die pädagogische Fachkraft muss es letztlich durch Entschlossenheit, Innovation und Kreativität schaffen, den Jugendlichen in den Modus des Gesunden Erwachsenden zu „schubsen". Das klappt potenziell schon (a) mithilfe einer authentisch gestellten Frage („Geiles Handy, wo hast du das her?"), (b) durch eine „lässige" Bemerkung („Na, am Wochenende trainiert?") oder (c) mithilfe des Psychospiels „Expertenrolle" („Was kann dein Handy, was meins nicht kann?").
3. **Empathisch-konfrontativ den Schemamodus „einmassieren".** = Provoziert die Fachkraft erfolgreich ein „kumpelhaftes Gespräch" – was einige Anläufe erfordern kann -, hört sie zunächst aktiv zu und wartet auf einen passenden Flow-Moment. Wenn der Betreffende über Erlebnisse mit Freunden erzählt, überrascht man ihn mit: „Kommt dann auch manchmal der Aggro-Kevin aus dir raus?" Erfahrungsgemäß verblüfft eine solche Intervention den Teenager. In diese Verblüffung lächelt die pädagogische Fachkraft authentisch-freundlich hinein und sagt etwas wie: „Ach, komm schon, du weißt doch genau, was ich meine, oder?" An diesen Satz schließt sich eine Psychoedukation an zum Thema „Ich habe viele Gesichter, die ich im Alltag zeige"!
4. **Abschluss.** = Das Gespräch wird freundschaftlich beendet und nach ein paar Tagen wieder inszeniert. Ziel ist die Förderung der Selbsterkenntnis seitens des Teenagers.

---

[15] Diese Methode finden Sie auch in den Online-Materialien.

2.1.8 Heißer Stuhl (inkl. Erweiterung um die Schemamodusperspektive)

Der „heiße Stuhl" ist ein Klassiker in der Konfrontativen Pädagogik.[16] Er findet im genannten Setting mit „Würde und Achtung" vor der Person statt, die mit ihrem problematischen Verhalten konfrontiert wird. Während des heißen Stuhls – im Rahmen der Schemapädagogik – soll die Einsicht des Betreffenden in Hinsicht auf sein „gewalttätiges Ich", „sadistisches Ich" beziehungsweise „fieses Ich" gefördert werden. Die schemapädagogische Erweiterung (Merkmal Schemamodusperspektive) erfordert einen 2. Stuhl, den sogenannten Schemamodusstuhl. Er wird vorab direkt(!) neben den Stuhl platziert wird, auf dem der Betreffende später sitzt. Folgender Ablauf wird eingehalten:

1. **Vorbereitung und Vorbesprechung.** = (Mindestens) zwei pädagogische Fachkräfte bereiten den „heißen Stuhl" thematisch und didaktisch vor (Was ist bisher vorgefallen? Was sind die „roten Knöpfe" des Teenagers? Wann flippt er regelmäßig aus? usw.). Der heiße Stuhl ist eine *Ultima Ratio-Intervention*, er wird also erst nach pädagogischen Misserfolgen praktiziert. Bestenfalls fanden schon Schemamodusgespräche statt! Es ist seitens der pädagogischen Fachkraft unabdinglich, „typische Schemamodi-Aktivierungen", die vorher passiert sind, im Hinterkopf zu haben. Schließlich wird die (oder der) Erwachsene einige Szenen des Aggro-Kevin, Mobber-Kevin usw. auf dem Schemamodus-Stuhl vorspielen müssen, um die innerpsychische Abwehr des Betreffenden aufzuweichen.

2. **Überraschung!** = Die (oder der) Betreffende wird aus „heiterem Himmel" aus seiner Gruppe zu Zeitpunkt X entfernt („Komm mal mit!"). Der Teenager wird in den Raum geführt, in dem der heiße Stuhl vorbereitet wurde. Dabei herrscht Humor- und Kumpelhaftigkeitsverbot! „Setz dich da mal hin, wir müssen was mit dir bereden!"

3. **Konfrontation.** = Praxis der schrittweisen Konfrontation. Übertitel: „Du hast uns versprochen, dich zu kontrollieren, aber es hat nicht geklappt". Und dieser Titel wird dem Teenager auch so kommuniziert, konfrontativ. Üblicherweise wird dadurch die innerpsychische Abwehr aktiviert. Und diese gilt es dann mit Fakten (z.B. Klassenbucheinträgen), die einer der beiden pädagogischen Fachkräfte auf dem Schemamodusstuhl nachspielt, aufzusprengen. „Das, was jetzt kommt, passierte am 18.03!" – und dann: Action. Die Fachkraft spielt den Schemamodus vor und kommuniziert in Richtung Kollegin/Kollege. Fünf bis zehn Schemamoduspräsentationen mit Datum sollten es schon sein! Es sollte schon richtig „krachen"!

4. **Einsicht einfordern!** = Nach jeder Aufführung wird konfrontiert: „WARUM KAM DA DER AGGRO-KEVIN RAUS!?", „WARUM HAST DU DICH NICHT WIE VERSPROCHEN KONTROLLIERT!" usw.

5. **Ende des heißen Stuhls!** = Es werden Grenzen aufgezeigt („Wenn wir den Aggro-Kevin noch weiter erleben müssen, erfolgt Konsequenz X!" Der Teenager wird (wieder mit Humor- und Kumpelhaftigkeitsverbot) spontan entlassen, ohne dass jedwede Form von Beziehungsaufbau stattfindet.

---

[16] Diese Methode finden Sie auch in den Online-Materialien.

2.1.9 Ein-Personen-Rollenspiel (inkl. Erweiterung um die Schemamodusperspektive)

Das sogenannte Ein-Personen-Rollenspiel[17] wurde ursprünglich von Sachse et al. (2008) konzipiert, und zwar für das Praxisfeld Psychotherapie. Es fördert aufseiten des Klienten die Selbsteinsicht in problematisches Verhalten, das auf irrationalen (antrainierten) Schemata beruht. Auch im Praxisfeld Erziehung und Bildung kann diese Methode eingesetzt werden.

Das Ein-Personen-Rollenspiel (inkl. schemapädagogischer Ergänzungen) läuft in drei Phasen ab (Material: zwei Stühle, die einander gegenüberstehen; der eine ist der Schemamodus-Stuhl (etwa Aggro-Kevin-Stuhl), der andere der Trainer-Stuhl. Beide Positionen wird der Teenager nun abwechselnd einnehmen.

Er ist somit sowohl Klient als auch sein eigener Trainer – in einer Person. Die Fachkraft coacht den Teenager ein paar Mal, damit er das Ein-Personen-Rollenspiel letztlich alleine praktizieren kann, etwa zu Hause):

1. **Darstellung des Schemamodus.** Als Erstes muss die Fachkraft mit dem Jugendlichen den zentralen Schemamodus, der im Praxisalltag hin und wieder für Probleme sorgt, klar herausstellen (man muss die gleiche Sprache sprechen). Nachdem die Fachkraft den Sinn der Übung erläutert hat („Ziel ist es, dass du in Zukunft den Aggro-Kevin o.Ä. besser kontrollieren lernst! Und jetzt pass mal auf, ich machs dir vor"), nimmt der Erwachsene auf dem Schemamodus-Stuhl Platz und gibt authentisch(!) ein paar passende Aktivierungen (Anekdoten) zum besten.
2. **Kritik des Schemamodus.** Danach nimmt die Fachkraft auf dem Trainer-Stuhl Platz und übt offen Kritik an dem Schemamodus, der gerade vorgespielt wurde („Diese Vorteile habe ich...", „Diese Nachteile habe ich..."). Wichtig ist, dass neben den offensichtlichen Nachteilen auch die (kurzfristigen) Vorteile des Ich-Bewusstseinszustands zur Sprache kommen.
3. **Lösungsmöglichkeiten entwerfen.** Nach der Kritik folgt die Phase der Problemlösungsmöglichkeiten. Diese wird aber vom Erwachsenen nicht mehr ausgeführt, sondern nur angedeutet, schließlich muss der Jugendliche selbst auf Ideen kommen.

Nach dieser kurzen Einführung übernimmt der Jugendliche das Kommando. Die Fachkraft coacht den Teenager beim Ausführen des Ein-Personen-Rollenspiels. Und natürlich gibt es auch Hausaufgaben!

---

[17] Diese Methode finden Sie auch in den Online-Materialien.

2.1.10 Humorvoll-empathische Stühlearbeit

Die humorvoll-empathische Stühlearbeit[18] bietet sich an bei schweren Vergehen seitens des Jugendlichen, der noch keinerlei Psychoedukation in Sachen Ich-Anteile und deren Auswirkungen erfahren hat.

Für diese Übung sind sieben Stühle vorgesehen, die in Hufeisenform angeordnet werden. Außerdem muss die pädagogische Fachkraft Schemamoduskarten vorbereiten. Folgende Etikettierungen werden auf die Karten geschrieben: 2 x „Reflektiertes Ich", 2 x „Null-Bock-Ich", 2x „Selbstschutz-Ich"; auf die siebte Karte wird „Coach" geschrieben. Die Karten liegen umgedreht auf einem Tisch in dem Raum, in dem die Übung stattfindet.

Folgende Struktur wird beibehalten:

1. Begrüßung. = Knappe Vorstellung (Freundlichkeits- und Kumpelhaftigkeitsverbot!) („So, setz dich bitte mal auf einen dieser Stühle! Du weißt ja, warum, du hier bist, wir müssen über den Vorfall von vorhin sprechen!").

2. Die Fachkraft macht den Anfang. = Der Erwachsene setzt sich auf einen x-beliebigen Stuhl, switcht ganzheitlich in den Null-Bock-Modus und spricht dann sinngemäß aus: „Oah, ich hab jetzt eigentlich gar keinen Bock, mich schon wieder um so einen Vorfall zu kümmern! Eigentlich wäre ich um diese Uhrzeit schon zu Hause und würde mit einem Weizen vorm Fernseher sitzen!"

3. Stuhlwechsel. Nach einem kurzen Moment der Stille (ohne Blickkontakt) steht die Fachkraft auf und legt die Karte „Null-Bock-Ich" auf den Stuhl, auf dem sie saß (im Sichtfeld des Teenagers). Dann setzt sich die Fachkraft auf den Nachbarstuhl, switcht um in den Modus Selbstschutz-Ich und kommuniziert in etwa Folgendes: „Gut, da muss ich jetzt durch, und wenn der da mich gleich provoziert, geht mir das gepflegt am Popo vorbei, der kann sich aufregen, wie er will!" Nach diesem „Act" steht die Fachkraft wieder auf und legt die Karte „Selbstschutz-Ich" auf den Stuhl. Nun kommt der dritte Stuhl ins Spiel, auf dem die „Reflektierte Fachkraft" ebenfalls was zum Besten gibt, etwa Folgendes: „Im Prinzip kann ich den (oder die) X gut leiden, ich weiß, dass er (sie) vorhin eben die fünf Minuten hatte und ein bisschen ausgeflippt ist! Ich will sehen, was ich tun kann, um die Sache zu klären!" Nach diesem kleinen Vortrag steht der Erwachsene auf, schaut den Teenager an und sagt: „Siehst du, ich habe viele Gesichter, Iche in mir – du auch! Und darum geht es hier!"

4. Stabwechsel. Nun ist der Jugendliche an der Reihe. Er wird entsprechend motiviert: „So, jetzt nehme ich auf dem Trainer-Stuhl Platz. Jetzt bist du dran, hier hast du die Karten mit den verschiedenen Ichen. Bleib ruhig sitzen und sag mal was, du sitzt ja schon, wie ich vorhin festgestellt habe, auf dem Null-Bock-Stuhl!"

---

[18] Diese Methode finden Sie auch in den Online-Materialien.

2.1.11 Psychospiel „Füttern zwischen Tür und Angel"

Die Manipulationstechniken, die von herausfordernden Heranwachsenden praktiziert werden und die die pädagogische Fachkraft (und die anderen Heranwachsenden) zu „erwünschten" Reaktionen animieren, sind aus Sicht des Betreffenden nichts anderes als mächtige Kompetenzen (Images, Tests, Appelle, Psychospiele).[19]

Diese Kompetenzen dienen vor allem der Befriedigung von zwischenmenschlichen Bedürfnissen (Anerkennung, Wertschätzung, Schutz der persönlichen Grenzen, Wahrgenommen-werden-Wollen, Aufmerksamkeit usw.).

Die Fachkraft leistet enorm viel Beziehungsaufbau, wenn sie infolge einer erfolgreichen Bedürfnis-Diagnose das Psychospiel „Füttern zwischen Tür und Angel" inszeniert. Dabei muss sie aufpassen, dass die Intervention nicht als „Schleimerei" rüberkommt.
Sie behält folgende Struktur im Hinterkopf:

1. **Eine bedürfnisrelevante Situation als solche wahrnehmen.** = Die Fachkraft nimmt einen Moment, in dem der Heranwachsende offensichtlich (unbewusst) Bedürfnisse anmeldet und manipulativ durch andere befriedigen lässt, wahr (etwas mit dem Handy machen, in der Gruppe auftrumpfen, während eines Gesprächs mit einem anderen Teenager glänzen wollen o.Ä.). Beispiel: Das Prinzip „fishing for compliments": „Gestern habe ich eine Tussi klar gemacht!", „Morgen fahre ich BMW!", „Meine Jacke hat 200 Euro gekostet!"
2. **Fütterversuch!** = Die Fachkraft nutzt die Gunst der Stunde und spricht den Betreffenden bedürfnisfokussierend an. Hierzu muss natürlich das jeweilige Bedürfnis auch korrekt diagnostiziert werden. Beispiele: „Du weißt schon, wie man Frauen klarmacht, das sehe ich dir an!", „Ich hatte einige Autos, das beste war zweifellos ein BMW!", „Du hast ne geile Jacke an!"
3. **Füttern!** = Gelingt der Einstieg und „frisst" der Heranwachsende den Köder, ist das ein Zeichen dafür, dass die Fachkraft aktuell(!) als Psychospiel-Partner akzeptiert wird. Dann ergibt sich meistens ein „Gespräch". In dieser Unterhaltung „füttert" die Fachkraft den Jugendlichen gut dosiert weiter.
4. **Umswitchen.** = Damit nicht der Eindruck des „Schleimens" entsteht, bricht die Fachkraft das Psychospiel irgendwann ab und geht aus der Situation heraus.

Gelingt dieses „temporäre Andocken" an der Bedürfnisebene des betreffenden Heranwachsenden, wird erfolgreich Beziehungskredit aufgebaut – und die Beziehung zwischen der Fachkraft und dem Teenager gestaltet sich für alle Beteiligten sehr positiv.

---

[19] Diese Methode finden Sie auch in den Online-Materialien.

2.1.12 Modusinterview (Exploration)

Das Modusinterview[20] dient dazu, den Klienten in Hinsicht auf seinen (im Praxisfeld Erziehung) manchmal problematischen Schemamodus zu sensibilisieren. Es geht auch um die entsprechenden Ursachen und heutzutage tendenziell negativen Auswirkungen.

Die Fachkraft und der Klient bearbeiten gemeinsam den Bogen (siehe die nächsten beiden Seiten). Ausschließlich der Jugendliche aber schreibt seine Reflexionen in die dafür vorgesehenen Stellen hinein.

Das Modusinterview wird dem Betreffenden im Anschluss an das Gespräch ausgehändigt („So, mein Guter, schau da mal öfter rein!").

Es werden folgende Themen angesprochen:

1. Herkunft des (kompensatorischen) Schemamodus.
2. Nutzen und Vorteile des betreffenden Schemamodus (damals).
3. Reflexion über den Schemamodus, der natürlich auch bei anderen Personen im sozialen Umfeld vorhanden ist.
4. Einschätzung des Schemamodus aus der Sicht des Gesunden Erwachsenen.
5. Körperliche, emotionale und kognitive Auswirkungen einer typischen Schemamodus-Aktivierung.

Dauer: etwa 15 Minuten.

---

[20] Diese Methode finden Sie auch in den Online-Materialien.

| | **Wer bin ich, und wenn ja: wie viele? Das Ich-Interview** |

1. Herkunft meines (mittlerweile manchmal) problematischen Ichs:

Zum ersten Mal ist mein im Prinzip kompetentes Ich namens _____ (Ich-Bezeichnung + eigenen Namen reinschreiben, etwa Aggro-Kevin] im Alter von ___ Jahren aufgetreten.

(Genaue Beschreibung der Erlebnisse mit dem betreffenden Ich)

_____
_____
_____

2. Nutzen und Vorteile des (mittlerweile manchmal) problematischen Ichs

Damals hat mir dieses Ich folgende Vorteile gebracht.

(Genaue Beschreibung der Vorteile dieses Ichs)

_____
_____
_____

53

3. Ich-Perspektive

Auch andere Menschen haben dieses Ich (im Freundes- oder Familienkreis)

(Genaue Beschreibung der bekannten Personen mit diesem Ich)

_____
_____
_____

4. Einschätzung dieses Ichs aus heutiger Perspektive

Welche Vor- und Nachteile bringt mir dieses Ich im Hier und Jetzt?

(Genaue Beschreibung der Vor- und Nachteile)

_____
_____
_____

5. Wenn dieses Ich im Alltag an Kraft gewinnt, also von jetzt auf gleich aktiviert wird, dann merke ich das! Es zeigt sich in Gedanken, Gefühlen und körperlichen Reaktionen!

Gedanken:

_____
_____
_____

Gefühle:

_____
_____
_____

Körperliche Reaktionen:

_____
_____
_____

2.1.13 Schemascreening

Das Schemascreening[21] (siehe die nächsten beiden Seiten) ist eine „Light-Version" des Schemafragebogens. Das Screening bietet sich an bei Jugendlichen, die nicht das nötige „kognitive Durchhaltevermögen" für den umfangreichen Schemafragebogen aufbringen.

Das Screening besteht aus 18 Aussage-Paaren, die eben in Zusammenhang stehen mit den 18 Schemata, die in der Schematherapie verortet sind (Young et al. 2008).

Der Teenager schätzt sich selbst zu den Aussagen ein, und zwar mithilfe von Smiley-Symbolen (nettes Smiley, neutrales Smiley, trauriges Smiley).

Die Punkte, die mit den jeweiligen Smiley-Gesichtern zusammenhängen, werden in einer Tabelle am Ende des Screenings zusammengefasst.

Im Anschluss an das Interview wird der Teenager für seine Top 2 (oder 3) Muster empathisch sensibilisiert („Schau mal, du hast hier wahrscheinlich einen Hinweis darauf, dass es einen sehr hilfsbreiten Anteil in dir gibt!") (= Schema Aufopferung).

Das Schemascreening kann zu Beginn der Zusammenarbeit als Arbeitsauftrag ausgegeben werden. Sollte es dann irgendwann zu Beziehungsstörungen oder sonstigen Zwischenfällen kommen, bietet sich das Modusinterview an, um dann während der Konfrontation mit dem jeweiligen problematischen Verhalten Querverbindungen herzustellen, die die Selbsteinsicht fördern sollen.

---

[21] Diese Methode finden Sie auch in den Online-Materialien.

			Schemascreening (für Heranwachsende ab 12 Jahre)

Name: Datum:

Geboren am: Schule/Klasse:

Lies dir die Sätze unten durch. Wenn das, was im Satz steht, auch auf dich passt, kreuze das lachende Gesicht an (= ☺). Wenn es nur ein bisschen passt, kreuze das mittlere Gesicht an (= ☺). Wenn der Satz gar nicht auf dich passt, kreuze das traurige Gesicht an (= ☹).

☺	☺	☹	
☺	☺	☹	1. Ich bin nicht gerne alleine und brauche immer Freunde und Bekannte um mich herum.
☺	☺	☹	2. Ich habe oft Angst davor, im Stich gelassen zu werden.
☺	☺	☹	3. Ich glaube oft, dass die anderen mir was Fieses antun wollen.
☺	☺	☹	4. Ich erzähle nicht gerne viel von mir, weil ich Angst davor habe, ausgelacht zu werden.
☺	☺	☹	5. Ich bin immer vorsichtig und habe Angst, krank zu werden oder mich zu verletzen.
☺	☺	☹	6. Ich mache mir oft Sorgen, dass meiner Familie was Schlimmes passiert.
☺	☺	☹	7. Ich brauche noch oft die Hilfe meiner Eltern.
☺	☺	☹	8. Meine Eltern machen sehr viel für mich, und ich mache sehr viel für meine Eltern.
☺	☺	☹	9. Meine Eltern kümmern sich nicht um mich, ich bekomme wenig Liebe und meine Eltern beschäftigen sich wenig mit mir.
☺	☺	☹	10. Mein Wunsch nach Liebe wird nicht gut erfüllt.
☺	☺	☹	11. Ich bin am liebsten alleine.
☺	☺	☹	12. Ich habe keine Freunde und brauche auch keine.
☺	☺	☹	13. Ich habe viele Fehler und schäme mich dafür.
☺	☺	☹	14. Ich bin ein Loser.
☺	☺	☹	15. Die anderen sind viel mutiger und cooler als ich.
☺	☺	☹	16. Ich fühle mich oft ganz klein.
☺	☺	☹	17. Ich gebe anderen recht, um keinen Streit zu bekommen.
☺	☺	☹	18. Ich bin lieb zu anderen, um keinen Streit zu bekommen.
☺	☺	☹	19. Ich strenge mich mehr als andere in der Schule an.
☺	☺	☹	20. In meiner Freizeit lerne ich viel für die Schule.
☺	☺	☹	21. Ich bin cooler und intelligenter als andere.
☺	☺	☹	22. Die Regeln, die für andere gelten, gelten für mich nicht.
☺	☺	☹	23. Ohne meine Eltern unternehme ich nichts.
☺	☺	☹	24. Wenn es meinen Eltern schlecht geht, geht es mir auch schlecht.
☺	☺	☹	25. Wenn ich was machen soll, habe ich keine Lust dazu.

☺ ☺ ☹		26. Ich habe keine Lust auf Hausaufgaben, Mitarbeit, Unterricht, früh aufstehen.
☺ ☺ ☹		27. Ich bin immer für meine Freunde da.
☺ ☺ ☹		28. Ich kümmere mich sehr viel um die Probleme meiner Freunde.
☺ ☺ ☹		29. Ich möchte für andere alles richtig machen.
☺ ☺ ☹		30. Wenn andere mich doof oder blöd finden, halte ich das kaum aus.
☺ ☺ ☹		31. Meine wahren Gefühle halte ich lieber zurück, ich habe Angst davor, dann abgelehnt zu werden.
☺ ☺ ☹		32. Wenn ich lieb, normal und brav bin, haben mich meine Eltern gern.
☺ ☺ ☹		33. Ich sehe oft die bösen Seiten an den anderen.
☺ ☺ ☹		34. Wenn mir was Schönes passiert, denke ich, dass bald wieder was Doofes passiert.
☺ ☺ ☹		35. Wenn ich einen Fehler mache, sollte ich dafür bestraft werden.
☺ ☺ ☹		36. Wenn andere einen Fehler machen, möchte ich sie dafür bestrafen.

Zählen Sie nun die Punkte je Fragenpaar (1. + 2.; 3. + 4.; 5. + 6. usw.) in der folgenden Tabelle zusammen. Ergibt die Summe bei einem Fragepaar die Zahl 4, kann das ein Indiz für die Existenz des entsprechenden Schemas beim Betreffenden sein. Natürlich müssen hierfür noch Beobachtungen im Praxisalltag hinzugenommen werden.

Bewertungsschlüssel

☺	= 2 Punkte
☺	= 1 Punkt
☹	= 0 Punkte

Lebensfalle/Schema	Fragen-Nr.	Smiley-Summe/höchster Wert
Verlassenheit/Instabilität	1. + 2.	
Misstrauen/Missbrauch	3. + 4.	
Verletzbarkeit	5. + 6.	
Abhängigkeit/Inkompetenz	7. + 8.	
Emotionale Vernachlässigung	9. + 10.	
Soziale Isolation	11. + 12.	
Unzulänglichkeit/Scham	13. + 14.	
Erfolglosigkeit/Versagen	15. + 16.	
Unterwerfung/Unterordnung	17. + 18.	
Überhöhte Standards/unerbittliche Ansprüche	19. + 20.	
Anspruchshaltung/Grandiosität	21. + 22.	
Verstrickung/unterentwickeltes Selbst	23. + 24.	

Unzureichende Selbstkontrolle/Selbstdisziplin	25. + 26.	
Aufopferung	27. + 28	
Streben nach Zustimmung und Anerkennung	29. + 30.	
Emotionale Gehemmtheit	31. + 32.	
Negatives hervorheben	33. + 34.	
Bestrafungsneigung	35. + 36.	

2.1.14 Das Nach-den-fünf-Minuten-Memo

Das sogenannte Nach-den-fünf-Minuten-Memo[22] wird mit dem Jugendlichen nach der Bearbeitung gemeinsam reflektiert (siehe die nächsten beiden Seiten).

Zuvor haben schon Interventionen stattgefunden (Schemamodusgespräche, Schemamodus-Memo usw.). Diese haben leider nicht gefruchtet, weshalb es eben wieder zu einem unerfreulichen Vorfall gekommen ist, bei dem der „typische" Schemamodus die Hauptrolle gespielt hat.
Die wichtigste Voraussetzung: Der Teenager muss sich wieder im Modus des Gesunden Erwachsenen befinden!

Das Nach-den-fünf-Minuten-Memo wird direkt im Anschluss(!) an eine weitere Verfehlung eingesetzt (wenige Minuten später).

Der Teenager füllt das Memo in einer reizarmen Umgebung aus. Danach wird es gemeinsam besprochen und reflektiert!

---

[22] Diese Methode finden Sie auch in den Online-Materialien.

| Name: | **Wenn mein (manchmal) problematisches Ich wieder „runterkommt"...** |

1. Was ist passiert und was denke ich jetzt darüber?

Ich denke, dass _____

weil vorhin Folgendes passiert ist: _____

Diese Gefühle habe ich jetzt:

_____
_____
_____

2. Was ist eigentlich passiert?

Mein (manchmal) problematisches Ich mit dem Namen _____ (Namen des Ichs + deinen Namen einfügen, etwa Aggro-Kevin) wurde vorhin angeschaltet und löste folgendes Verhalten aus:

_____
_____
_____

3. Gedankencheck!

Vorhin, als meine/mein _____ (mein Vorname + Name des Ichs, etwa Aggro-Kevin) rauskam, glaubte ich, dass

_____
_____

In Wirklichkeit – und jetzt spricht die/der clevere _____ (mein Vorname) – aus mir, lief das Ganze folgendermaßen ab (clevere Einschätzung):

_____
_____
_____

4. Cleveres Verhalten für die Zukunft planen

Wenn ich in zukünftigen (ähnlichen) Situationen am liebsten wieder (nicht akzeptables Verhalten beschreiben)...
_____
_____
_____

werde ich zukünftig ERNSTHAFT versuchen, beim nächsten Mal folgendes Verhalten zu zeigen (cleveres Verhalten beschreiben):

_____
_____
_____

_____   _____
Datum, Unterschrift des Jugendlichen   Datum, Unterschrift der Fachkraft

2.1.15 Psychospiel „Good Cop – Bad Cop"

Die Methode „Ansteigende Beharrlichkeit – kaputte Schallplatte" ist ein Klassiker im Konfliktmanagement. Hierbei werden Verstöße der Klienten gegen die Regeln bei Notwendigkeit von der Fachkraft beharrlich konfrontiert. Das heißt, die (oder der) Professionelle wiederholt in ruhigem Ton und einfallsreich die jeweils geltende Regel („Kevin, zieh'die Mütze ab, du weißt wieso!" ... „Kevin, Mütze ab jetzt, ich will anfangen!" ... „Kevin, Mütze runter, sonst kommen wir hier nicht weiter!" usw.). Üblicherweise schaltet die Fachkraft, wenn die Bemühungen nicht von Erfolg gekrönt sind, nach jeder weiteren Intervention einen Gang hoch und nennt die jeweils folgende Konsequenz (je nach Disziplinarkatalog, der in der jeweiligen Einrichtung gilt). Beispiel: „Kevin, Mütze runter, sonst muss ich dich ins Klassenbuch eintragen!" ... „Kevin, mach jetzt! Ansonsten musst du leider in den Trainingsraum gehen!" usw. Im Rahmen der Schemapädagogik wird diese Methode um das Rollenmerkmal „Good Cop-Bad Cop" erweitert.[23] Man kennt dieses Thema aus Hollywoodfilmen: Der mutmaßliche Täter bekommt es auf dem Polizeirevier mit einem „good" und einem „bad" Cop zu tun – und öffnet sich letztlich gegenüber dem „good" Cop. Warum? Weil sich der Betreffende auf der Beziehungsebene angesprochen fühlt und Vertrauen aufbaut. Die Methode im vorliegenden Rahmen impliziert den Aspekt, dass der Teenager ohne Gesichtsverlust aus der Situation aussteigen kann. Am folgenden Ablauf kann man sich grob orientieren (Beispiel „Mütze ab"):

1. Fachkraft: „Guten Morgen! Heute geht es um ... Kevin, Mütze ab!" (Rolle des **Bad Cop**) Kevin: „Nö!"
2. Fachkraft (tritt heran, vertraulicher Ton = **Good Cop**): „Kevin, heute nicht, lass es bitte! Bringt nix!"
3. Fachkraft (stellt sich wieder vor die Gruppe, fährt fort): „So, Hefte raus. Hey, Kevin, ich habe gesagt: MÜTZE RUNTER!" (= **Bad Cop**) Kevin: „Nööööö!"
4. Fachkraft: „Mütze runter!" (= **Bad Cop**) Kevin: „Im Leben nicht!"
5. Fachkraft (tritt wieder auf Augenhöhe heran): „Kevin , du willst jetzt wieder einen Machtkampf vor Publikum: Du bist mir aber viel zu wichtig: Ich gehe da nicht drauf ein. Lass' es, oder ich muss dich ins Klassenbuch eintragen!"(= **Good Cop**)
6. Fachkraft: „So, weiter geht's . KEVIN, MÜTZE RUNTER, sonst Klassenbucheintrag!" (= **Bad Cop**)

usw. usw. usw. Natürlich müssen die angedrohten Konsequenzen auch umgesetzt werden. Steigt der Jugendliche nicht aus, erfolgt in letzter Instanz die „härteste" Disziplinarmaßnahme.
Üben Sie die „Good Cop – bad Cop"-Methode in Partnerarbeit im Rahmen folgender Situationen:

1. Ein Jugendlicher möchte den Raum nicht verlassen, Sie möchten das aber schon.
2. Ein Jugendlicher spielt ein Psychospiel – Sie möchten es beenden.

---

[23] Diese Methode finden Sie auch in den Online-Materialien.

2.1.16 Emotionale Verunsicherung (mit Handy)

Die Methode „Emotionale Verunsicherung (mit Handy)"[24] soll dabei helfen, aus einer wirklich brenzligen Situation möglichst unversehrt auszubrechen. Gemeint sind Situationen, die kurz vor der Eskalation stehen („Sie haben mich angefasst, gleich fasse ich Sie mal an – schon mal ohne Zähne gelacht?"). Gelangt die Fachkraft zu einer Einschätzung wie „Gleich knallt es", versucht sie, mithilfe der hier genannten Methode gewaltfrei die Notbremse zu ziehen.

Für diese Intervention ist ein Handy vonnöten. Um aus der Situation herauszukommen, wird folgender Ablauf empfohlen:

1. Blickkontakt abbrechen!
2. Seitlich abwenden!
3. Handy schnell aus der Tasche ziehen und laut sagen: „ICH MUSS ANS HANDY!"
4. Ans Ohr halten!
5. Und dann lautstark kommunizieren (auf demselben emotionalen Niveau wie der Interaktionspartner): „ACH GOTT! ICH MUSS JA NOCH DEN HERRN MÜLLER ANRUFEN!" beziehungsweise „MEIN HANDY KLINGELT! JA! HALLO?"
6. Aus der Situation herausgehen.

Funktioniert diese Methode, wird der Interaktionspartner durch das Vorgehen verblüfft, und das verschafft die notwendige Zeit, um Hilfe zu holen.

2.1.17 Psychospiel „Öl ins Feuer – bis der Lachanfall kommt"

Erfahrungsgemäß haben unsere Kevins, Justins und Bennis usw. hin und wieder „tolle" Ideen. Manchmal weiß man als Fachkraft nicht, ob es sich bei der Erwähnung der Idee um einen Test, ein Psychospiel oder tatsächlich nur um die Wahrheit handelt. Um das herauszufinden, bietet sich die hier genannte Intervention[25] an.

Hier einige Ideen-Klassiker:

1. „Ich würde am Wochenende gerne mal eine Tankstelle überfallen!"
2. „Ich möchte demnächst mal alle möglichen Drogen ausprobieren!"
3. „Nächstes Wochenende könnte ich mal K.O.-Tropfen austesten!"
4. „Ich würde gerne mal eine Bank ausmisten!"

---

24   Diese Methode finden Sie auch in den Online-Materialien.
25   Diese Methode finden Sie auch in den Online-Materialien.

Die Fachkraft kann in solchen Fällen einmal bewusst die Aktivierung des kritischen Eltern-Ichs hemmen und entsprechend das Psychospiel namens „Öl ins Feuer – bis der Lachanfall kommt" starten.

Das heißt, Sie switchen in die Rolle des Gesunden Erwachsenen und loten die „Möglichkeiten" aus: „Gut, was brauchst du alles für einen Banküberfall?" Der Teenager wird also interviewt.

Erfahrungsgemäß hat er in Bezug auf seine Idee einige Ressourcen auf Lager. Man lässt ihn erst einmal ein bisschen reden und hört aktiv zu.

An einem bestimmten Punkt steigt die Fachkraft selbst mit „guten" Ideen ein – die aber anfangs leicht, später dann völlig überspitzt-unrealistisch klingen.

Ziel ist es, die „Idee" des Betreffenden derart anzuheizen und aufzublasen, bis sie letztlich in sich selbst zusammenfällt – weil beide aufgrund der völlig „dummen" Idee lachen müssen. Hierzu braucht es natürlich Fantasie, Zynismus, einen wachen Geist und vor allem Sarkasmus.

2.1.18 Besinnungstexte

Die sogenannten Besinnungstexte werden klassischerweise dem Trainingsraum-Konzept zugeordnet. Ein Trainingsraum kann an einer Schule eingerichtet werden, wenn gezielt daran gearbeitet wird, Disziplinprobleme und Unterrichtsstörungen zu minimieren.

Wird das Grundprinzip „Jede Schülerin/jeder Schüler hat das Recht, ungestört zu lernen" im Unterricht dauerhaft sabotiert, so hat ein Lehrer nunmehr die Möglichkeit, eine neue Intervention zu praktizieren. Nach mehrmaligen erfolglosen Schlüsselfragen bei Störungen („Gegen welche Regel verstößt du jetzt?", Was tust du gerade?", Wenn du wieder störst, was passiert dann?") wird der Heranwachsende in den Trainingsraum geschickt. Er bekommt einen Handzettel mit der Uhrzeit und einer bestimmten Aufgabe mit, die der jeweilige Fachlehrer konzipiert. In Abwesenheit des Betreffenden – so der Leitgedanke des Trainingsraum-Konzepts – können sich die restlichen Schüler nun ungestört dem Unterrichtsstoff widmen.

Verweigert der Betreffende die Maßnahme, erfolgt natürlich die Konsequenz auf einer höheren Ebene: der Schüler wird von der Schulleitung sofort vom Unterrichtsbetrieb (für einen Tag) ausgeschlossen. Erst nach einem Elterngespräch ist eine Rückkehr möglich. Der Trainingsraum ist ein Ort der Ruhe. Mindestens eine Lehrkraft ist anwesend.

In diesem Ambiente kann der Betreffende über sein Verhalten reflektieren. Außerdem soll er Verbesserungsvorschläge selbst konstruieren und niederschreiben. Nachdem die Aufgabe erledigt ist, bespricht der Schüler seine Ergebnisse mit der gerade anwesenden Lehrkraft. An manchen Schulen liegt es nun am Ermessen des Pädagogen, ob er das Kind beziehungsweise den Jugendlichen nun wieder in den Unterricht schickt oder nicht (vielleicht kommt er zu dem Schluss, man könnte die Verbesserungsvorschläge noch einmal überarbeiten).

Sicherlich interessant ist nun die Tatsache, dass es für den Schüler auch eine Rolle spielt, *wie oft* er in diese Lage der Selbstreflexion kommt. Es macht natürlich Sinn: Je öfter der Schüler in den Trainingsraum muss, desto schärfer die Sanktionen: ab drei Besuchen bekommen die Eltern des Betreffenden einen ersten Hinweis, ab dem 5. oder 6. Besuch steht ein Elterngespräch an, ab etwa dem 9. Besuch eine Pädagogische Konferenz, an der gewöhnlich die Schulleitung, der Klassen- und die Fachlehrer sowie die Eltern anwesend sind usw.

Wir meinen, dass diese Methode an Effizienz zunimmt, wenn man die Besinnungstexte direktiv gestaltet und schemapädagogisch unterfüttert; schließlich basiert das Konzept auf aktueller wissenschaftlicher Menschenkenntnis.

Besonders sollte es nach unserer Einschätzung – weil der Betreffende in einem reizarmen Umfeld leicht in den Modus des *Gesunden Erwachsenen* switcht – in den Texten um genau denjenigen Schemamodus/Ich-Zustand gehen, der den Betreffenden erst überhaupt kognitiv, emotional und physiologisch zu den Unterrichtsstörungen motiviert hat.

Im vorliegenden Rahmen haben wir daher schemapädagogische Besinnungstexte verfasst. Sie sind angelehnt an die populärsten Störungen: Mobbing, Aggression/Gewalt, Manipulation (andere „draufschicken"), Null-Bock-Einstellung (Arbeitsverweigerung), Herumkaspern, Machtspielchen, mangelhafte Konzentration.

Die Texte sind sowohl einsetzbar im Trainingsraum als auch im Alltagsunterricht. (Natürlich auch in allen anderen pädagogischen Praxisfeldern.)

Für den Fall, dass Sie einen Trainingsraum in der Schule haben: Schreiben Sie einfach auf den Laufzettel das jeweilige Vergehen des Schülers. Der Kollege, der den Schüler dann im Trainingsraum in Empfang nimmt, kann dem Betreffenden dann intuitiv den passenden Besinnungstext aushändigen. Natürlich sollten ausreichend Kopien von allen nun folgenden Besinnungstexten vorhanden sein.

Besinnungstext – Mobbing

Name des Jugendlichen: _____

Wer bin ich: und wenn ja: wie viele?

Ich denke von mir selbst: „Ich bin ich!" Ich habe Stärken, ich habe Schwächen. Und trotzdem bin ich immer noch ICH SELBST. Punkt.

Nun, das stimmt nicht ganz. Jeder Mensch hat viele Gesichter, Seiten, „Iche". Morgens zeige ich ein anderes Ich als abends. Meinen Eltern und Lehrern gegenüber zeige ich manchmal ein anderes Ich, als meinen Freunden gegenüber. Wenn ich zum Beispiel schlecht drauf bin, spricht mein schlecht gelauntes Ich; dann muss man mich lieber in Ruhe lassen.

Wenn ich mit meinen Freunden Spaß habe, zeigt sich mein freundliches Ich. Ich bin dann nett zu meinen Freunden.

Und wenn ich frustriert bin, zeige ich meistens mein aggressives Ich. Ich weiß eigentlich nicht, wann genau mein aggressives Ich angeschaltet ist.

Im Alltag bringt mich NUR mein NORMALES ICH weiter. Wenn mein NORMALES ICH angeschaltet ist,

- komme ICH pünktlich,
- arbeite ICH mit,
- engagiere ICH mich,
- will ICH den erfolgreichen Abschluss,
- störe ICH nicht,
- spiele ICH keine Psychospielchen,
- behandelte ICH die pädagogische Fachkraft respektvoll.

Aber auch im Alltag zeige ich nicht immer dasselbe (normale) ICH. Wenn ich gestresst bin, Probleme oder Frust habe, zeigt sich plötzlich ein BÖSES ICH. Wenn mein böses ICH rauskommt, habe ich meine „fünf Minuten", „fahre meinen Film". Dann kann mich keiner mehr runterbringen.

Heute zeigte ich mein MOBBING-ICH. Daher ist Folgendes passiert (**Zutreffendes bitte ankreuzen**):

O Ich habe eine/einen aus meiner Gruppe gedisst
O Ich habe die pädagogische Fachkraft gedisst
O Ich habe einem anderen weh getan
O Ich habe die Fachkraft beleidigt
O Ich habe die Familie von jemandem beleidigt
O Ich habe_____
O Ich habe_____
O Ich habe_____

Ich habe eigentlich das gemacht, was mein MOBBER-ICH bisher meistens gemacht hat. Jetzt und hier – nach meinen „Spielchen" – ist wieder mein NORMALES ICH „angeschaltet", denn ich bin wieder „runtergekommen". Erst jetzt verstehe ich, was mein MOBBER-ICH vorhin getan hat. Ein bisschen sehe ich jetzt ein, dass ich vielleicht übertrieben habe, fies war usw. Ich verstehe jetzt auch, welche kurzfristigen und langfristigen Vor- und Nachteile mir mein MOBBER-ICH bringt. Jetzt erst kann ich mir darüber Gedanken machen.

Aufgabe: Fülle folgende Tabelle zu deinem MOBBER-ICH aus. Welche kurz- und langfristigen Vor- und Nachteile hat dieses Ich?

	Vorteile	Nachteile
Kurzfristig		
Langfristig		

Jetzt wird mir klar, dass **mein** MOBBER-ICH im Alltag Probleme macht. Wenn es angeschaltet wird, trifft es jemanden, der sich als „Opfer" eignet. Derjenige ist aber NICHT dafür verantwortlich, dass ich jetzt diese Aufgabe erledigen muss.

Nur mein MOBBER-ICH ist dafür verantwortlich! Wenn es nicht diese Person wäre, würde sich mein MOBBER-ICH ein anderes OPFER suchen. Das Problem liegt in MEINEM Mobber-Ich, nicht bei Person X.

Aufgabe: Beantworte folgende Fragen zu deinem MOBBER-ICH.

Seit wann habe ich mein MOBBER-ICH? Was hat es mir bisher für Vorteile gebracht?

Welche „typische" Situation löst derzeit mein MOBBER-ICH aus?

Was passiert dann in mir und mit mir? (Gefühle, Gedanken, Verhaltenstendenzen, Körperreaktionen)

Wo liegt das eigentliche Problem an dem Konflikt und warum?

Was kann ich tun, damit das nächste Mal nicht mein MOBBER-ICH rauskommt? („Was will ich in Zukunft in einer solchen Situation tun?")

Aufgabe: Gebe dir selbst eine Hausaufgabe auf, die dir dabei hilft, dein MOBBER-ICH besser zu kontrollieren.

Beschreibung meiner Hausaufgabe (etwa: Die nächsten drei Wochen mein MOBBER-ICH unterdrücken).

Diese Probleme können bei meiner Hausaufgabe vielleicht auftreten…

Ich möchte diese Probleme folgendermaßen lösen…

Folgendes möchte ich tun, damit mein GLÜCKLICHES ICH häufiger angeschaltet wird…

Besinnungstext – Aggression/Gewalt

Name des Jugendlichen: _____

Wer bin ich: und wenn ja: wie viele?

Ich denke von mir selbst: „Ich bin ich!" Ich habe Stärken, ich habe Schwächen. Und trotzdem bin ich immer noch ICH SELBST. Punkt.

Nun, das stimmt nicht ganz. Jeder Mensch hat viele Gesichter, Seiten, „Iche". Morgens zeige ich ein anderes Ich als abends. Meinen Eltern und Lehrern gegenüber zeige ich manchmal ein anderes Ich, als meinen Freunden gegenüber. Wenn ich zum Beispiel schlecht drauf bin, spricht mein schlecht gelauntes Ich; dann muss man mich lieber in Ruhe lassen.

Wenn ich mit meinen Freunden Spaß habe, zeigt sich mein freundliches Ich. Ich bin dann nett zu meinen Freunden.

Und wenn ich frustriert bin, zeige ich meistens mein aggressives Ich. Ich weiß eigentlich nicht, wann genau mein aggressives Ich angeschaltet ist.

Im Alltag bringt mich NUR mein NORMALES ICH weiter. Wenn mein NORMALES ICH angeschaltet ist,

- ➢ komme ICH pünktlich,
- ➢ arbeite ICH mit,
- ➢ engagiere ICH mich,
- ➢ will ICH den erfolgreichen Abschluss,
- ➢ störe ICH nicht,
- ➢ spiele ICH keine Psychospielchen,
- ➢ behandelte ICH die pädagogische Fachkraft respektvoll.

Aber auch im Alltag zeige ich nicht immer dasselbe (normale) ICH. Wenn ich gestresst bin, Probleme oder Frust habe, Krawall will, zeigt sich plötzlich ein BÖSES ICH. Wenn mein böses ICH rauskommt, habe ich meine „fünf Minuten", „fahre meinen Film". Dann kann mich keiner mehr runterbringen.

Heute zeigte ich mein AGGRO-ICH. Daher ist Folgendes passiert (**Zutreffendes bitte ankreuzen**):

O Ich habe jemandem körperliche Gewalt angedroht
O Ich habe die pädagogische Fachkraft bedroht
O Ich habe einem aus meiner Gruppe weh getan
O Ich habe die Fachkraft beleidigt
O Ich habe die Familie von jemandem beleidigt
O Ich habe_____
O Ich habe_____

Ich habe eigentlich das gemacht, was mein AGGRO-ICH bisher meistens gemacht hat.
Jetzt und hier – nach meinen „Spielchen" – ist wieder mein NORMALES ICH „angeschaltet", denn ich bin wieder „runtergekommen". Erst jetzt verstehe ich, was mein AGGRO-ICH vorhin getan hat. Ein bisschen sehe ich jetzt ein, dass ich vielleicht übertrieben habe, fies war usw. Ich verstehe jetzt auch, welche kurzfristigen und langfristigen Vor- und Nachteile mir mein AGGRO-ICH bringt. Jetzt erst kann ich mir Gedanken darüber machen.

Aufgabe: Fülle folgende Tabelle zu deinem AGGRO-ICH aus. Welche kurz- und langfristigen Vor- und Nachteile hat dieses Ich?

	Vorteile	Nachteile
Kurzfristig		
Langfristig		

Jetzt wird mir klar, dass **mein** AGGRO-ICH im Alltag Probleme macht. Wenn es angeschaltet wird, trifft es jemanden, der sich als „Opfer" eignet. Derjenige ist aber NICHT dafür verantwortlich, dass ich jetzt diese Aufgabe erledigen muss.

Nur mein AGGRO-ICH ist dafür verantwortlich! Wenn es nicht diese Person wäre, würde sich mein AGGRO-ICH ein anderes OPFER suchen. Das Problem liegt in MEINEM AGGRO-ICH, nicht bei Person X.

Aufgabe: Beantworte folgende Fragen zu deinem AGGRO-ICH.

Seit wann habe ich mein AGGRO-ICH? Was hat es mir bisher für Vorteile gebracht?

Welche „typische" Situation löst derzeit mein AGGRO-ICH aus?

Was passiert dann in mir und mit mir? (Gefühle, Gedanken, Verhaltenstendenzen, Körperreaktionen)

Wo liegt das eigentliche Problem an dem Konflikt und warum?

Was kann ich tun, damit das nächste Mal nicht mein AGGRO-ICH rauskommt? („Was will ich in Zukunft in einer solchen Situation tun?")

Aufgabe: Gebe dir selbst eine Hausaufgabe auf, die dir dabei hilft, dein AGGRO-ICH besser zu kontrollieren.
Beschreibung meiner Hausaufgabe (etwa: Die nächsten drei Wochen mein AGGRO-ICH unterdrücken).

Diese Probleme können bei meiner Hausaufgabe vielleicht auftreten...

Ich möchte diese Probleme folgendermaßen lösen...

Folgendes möchte ich tun, damit mein GLÜCKLICHES ICH häufiger angeschaltet wird...

Besinnungstext – Manipulation/andere „draufschicken"

Name des Jugendlichen: _____

Wer bin ich: und wenn ja: wie viele?

Ich denke von mir selbst: „Ich bin ich!" Ich habe Stärken, ich habe Schwächen. Und trotzdem bin ich immer noch ICH SELBST. Punkt.

Nun, das stimmt nicht ganz. Jeder Mensch hat viele Gesichter, Seiten, „Iche". Morgens zeige ich ein anderes Ich als abends. Meinen Eltern und Lehrern gegenüber zeige ich manchmal ein anderes Ich, als meinen Freunden gegenüber. Wenn ich zum Beispiel schlecht drauf bin, spricht mein schlecht gelauntes Ich; dann muss man mich lieber in Ruhe lassen.

Wenn ich mit meinen Freunden Spaß habe, zeigt sich mein freundliches Ich. Ich bin dann nett zu meinen Freunden.

Und wenn ich frustriert bin, zeige ich meistens mein MANIPULIERER-ICH. Ich weiß eigentlich nicht, wann genau mein MANIPULIERER-ICH angeschaltet ist.

Im Alltag bringt mich NUR mein NORMALES ICH weiter. Wenn mein NORMALES ICH angeschaltet ist,

- komme ICH pünktlich,
- arbeite ICH mit,
- engagiere ICH mich,
- will ICH den erfolgreichen Abschluss,
- störe ICH nicht,
- spiele ICH keine Psychospielchen,
- behandelte ICH die pädagogische Fachkraft respektvoll.

Aber auch im Alltag zeige ich nicht immer dasselbe (normale) ICH. Wenn ich gestresst bin, Probleme oder Frust habe, zeigt sich plötzlich ein MANIPULIERER-ICH. Wenn mein MANIPULIERER-ICH rauskommt, habe ich meine „fünf Minuten", „fahre meinen Film". Dann kann mich keiner mehr runterbringen.

Heute zeigte ich mein MANIPULIERER-ICH. Daher ist Folgendes passiert (**Zutreffendes bitte ankreuzen**):

O Ich habe eine/einen aus meiner Gruppe draufgeschickt
O Ich habe die pädagogische Fachkraft draufgeschickt
O Ich habe eine/einen aus meiner Gruppe provoziert
O Ich habe die Fachkraft beleidigt
O Ich habe die Familie von jemandem beleidigt
O Ich habe_____
O Ich habe_____
O Ich habe_____

Ich habe eigentlich das gemacht, was mein MANIPULIERER-ICH bisher meistens gemacht hat. Jetzt und hier – nach meinen „Spielchen" – ist wieder mein NORMALES ICH „angeschaltet", denn ich bin wieder „runtergekommen". Erst jetzt verstehe ich, was mein MANIPULIERER-ICH vorhin getan hat. Ein bisschen sehe ich jetzt ein, dass ich vielleicht übertrieben habe, fies war usw. Ich verstehe jetzt auch, welche kurzfristigen und langfristigen Vor- und Nachteile mir mein MANIPULIERER-ICH bringt. Jetzt erst kann ich mir Gedanken darüber machen.

Aufgabe: Fülle folgende Tabelle zu deinem MANIPULIERER-ICH aus. Welche kurz- und langfristigen Vor- und Nachteile hat dieses Ich?

	Vorteile	Nachteile
Kurzfristig		
Langfristig		

Jetzt wird mir klar, dass **mein** MANIPULIERER-ICH im Alltag Probleme macht. Wenn es angeschaltet wird, trifft es jemanden, der sich als „Opfer" eignet. Derjenige ist aber NICHT dafür verantwortlich, dass ich jetzt diese Aufgabe erledigen muss.

Nur mein MANIPULIERER-ICH ist dafür verantwortlich! Wenn es nicht diese Person wäre, würde sich mein MANIPULIERER-ICH ein anderes OPFER suchen. Das Problem liegt in MEINEM MANIPULIERER-ICH, nicht bei Person X.

Aufgabe: Beantworte folgende Fragen zu deinem MANIPULIERER-ICH.

Seit wann habe ich mein MANIPULIERER-ICH? Was hat es mir bisher für Vorteile gebracht?

Welche „typische" Situation löst derzeit mein MANIPULIERER-ICH aus?

Was passiert dann in mir und mit mir? (Gefühle, Gedanken, Verhaltenstendenzen, Körperreaktionen)

Wo liegt das eigentliche Problem an dem Konflikt und warum?

Was kann ich tun, damit das nächste Mal nicht mein MANIPULIERER-ICH rauskommt? („Was will ich in Zukunft in einer solchen Situation tun?")

Aufgabe: Gebe dir selbst eine Hausaufgabe auf, die dir dabei hilft, dein MANIPULIERER-ICH besser zu kontrollieren.
Beschreibung meiner Hausaufgabe (etwa: Die nächsten drei Wochen mein MANIPULIERER-ICH unterdrücken).

Diese Probleme können bei meiner Hausaufgabe vielleicht auftreten…

Ich möchte diese Probleme folgendermaßen lösen…

Folgendes möchte ich tun, damit mein GLÜCKLICHES ICH häufiger angeschaltet wird…

Besinnungstext – Null-Bock-Einstellung

Name des Jugendlichen: _____

Wer bin ich: und wenn ja: wie viele?

Ich denke von mir selbst: „Ich bin ich!" Ich habe Stärken, ich habe Schwächen. Und trotzdem bin ich immer noch ICH SELBST. Punkt.

Nun, das stimmt nicht ganz. Jeder Mensch hat viele Gesichter, Seiten, „Iche". Morgens zeige ich ein anderes Ich als abends. Meinen Eltern und Lehrern gegenüber zeige ich manchmal ein anderes Ich, als meinen Freunden gegenüber. Wenn ich zum Beispiel schlecht drauf bin, spricht mein schlecht gelauntes Ich; dann muss man mich lieber in Ruhe lassen.

Wenn ich mit meinen Freunden Spaß habe, zeigt sich mein freundliches Ich. Ich bin dann nett zu meinen Freunden.

Und wenn ich frustriert oder einfach nur schlecht drauf bin, zeige ich meistens mein NULL-BOCK-ICH. Ich weiß eigentlich nicht, wann genau mein NULL-BOCK-ICH angeschaltet ist.

Im Alltag bringt mich NUR mein NORMALES ICH weiter. Wenn mein NORMALES ICH angeschaltet ist,

- komme ICH pünktlich,
- arbeite ICH mit,
- engagiere ICH mich,
- will ICH den erfolgreichen Abschluss,
- störe ICH nicht,
- spiele ICH keine Psychospielchen,
- behandelte ICH die pädagogische Fachkraft respektvoll.

Aber auch im Alltag zeige ich nicht immer dasselbe (normale) ICH. Wenn ich gestresst bin, Probleme oder Frust habe, zeigt sich plötzlich ein NULL-BOCK-ICH. Wenn mein NULL-BOCK-ICH rauskommt, habe ich meine „fünf Minuten", „fahre meinen Film" spiele meine Psychospielchen. Dann kann mich keiner mehr runterbringen.

Heute zeigte ich mein NULL-BOCK-ICH. Daher ist Folgendes passiert (**Zutreffendes bitte ankreuzen**):

O Ich habe eine/einen aus meiner Gruppe genervt

O Ich habe die pädagogische Fachkraft genervt

O Ich habe (mal wieder) einen Arbeitsauftrag verweigert

O Ich bin (mal wieder) einige Minuten zu spät in die Gruppe gekommen

O Ich habe (mal wieder) die Entschuldigung „vergessen"

O Ich habe_____

O Ich habe_____

Ich habe eigentlich das gemacht, was mein NULL-BOCK-ICH bisher meistens gemacht hat. Jetzt und hier – nach meinen „Spielchen" – ist wieder mein NORMALES ICH „angeschaltet", denn ich bin wieder „runtergekommen". Erst jetzt verstehe ich, was mein NULL-BOCK-ICH vorhin getan hat. Ein bisschen sehe ich jetzt ein, dass ich vielleicht übertrieben habe, fies war usw. Ich verstehe jetzt auch, welche kurzfristigen und langfristigen Vor- und Nachteile mir mein NULL-BOCK-ICH bringt. Jetzt erst kann ich mir Gedanken darüber machen.

Aufgabe: Fülle folgende Tabelle zu deinem NULL-BOCK-ICH aus. Welche kurz- und langfristigen Vor- und Nachteile hat dieses Ich?

	Vorteile	Nachteile
Kurzfristig		
Langfristig		

Jetzt wird mir klar, dass **mein** NULL-BOCK-ICH im Alltag Probleme macht. Wenn es angeschaltet wird, trifft es jemanden, der sich als „Opfer" eignet. Derjenige ist aber NICHT dafür verantwortlich, dass ich jetzt diese Aufgabe erledigen muss.

Nur mein NULL-BOCK-ICH ist dafür verantwortlich! Wenn es nicht diese Person wäre, würde sich mein NULL-BOCK-ICH ein anderes OPFER suchen. Das Problem liegt in MEINEM NULL-BOCK-ICH, nicht bei Person X.

Aufgabe: Beantworte folgende Fragen zu deinem NULL-BOCK-ICH.

Seit wann habe ich mein NULL-BOCK-ICH? Was hat es mir bisher für Vorteile gebracht?

Welche „typische" Situation löst derzeit mein NULL-BOCK-ICH aus?

Was passiert dann in mir und mit mir? (Gefühle, Gedanken, Verhaltenstendenzen, Körperreaktionen)

Wo liegt das eigentliche Problem an dem Konflikt und warum?

Was kann ich tun, damit das nächste Mal nicht mein NULL-BOCK-ICH rauskommt? („Was will ich in Zukunft in einer solchen Situation tun?")

Aufgabe: Gebe dir selbst eine Hausaufgabe auf, die dir dabei hilft, dein NULL-BOCK-ICH besser zu kontrollieren.
Beschreibung meiner Hausaufgabe (etwa: Die nächsten drei Wochen mein NULL-BOCK-ICH unterdrücken).

Diese Probleme können bei meiner Hausaufgabe vielleicht auftreten…

Ich möchte diese Probleme folgendermaßen lösen…

Folgendes möchte ich tun, damit mein GLÜCKLICHES ICH häufiger angeschaltet wird…

Besinnungstext – Herumkaspern

Name des Jugendlichen: _____

Wer bin ich: und wenn ja: wie viele?

Ich denke von mir selbst: „Ich bin ich!" Ich habe Stärken, ich habe Schwächen. Und trotzdem bin ich immer noch ICH SELBST. Punkt.

Nun, das stimmt nicht ganz. Jeder Mensch hat viele Gesichter, Seiten, „Iche". Morgens zeige ich ein anderes Ich als abends. Meinen Eltern und Lehrern gegenüber zeige ich manchmal ein anderes Ich, als meinen Freunden gegenüber. Wenn ich zum Beispiel schlecht drauf bin, spricht mein schlecht gelauntes Ich; dann muss man mich lieber in Ruhe lassen.

Wenn ich mit meinen Freunden Spaß habe, zeigt sich mein freundliches Ich. Ich bin dann nett zu meinen Freunden.

Und wenn ich frustriert bin, zeige ich meistens mein CLOWN-ICH. Ich weiß eigentlich nicht, wann genau mein CLOWN-ICH angeschaltet ist.

Im Alltag bringt mich NUR mein NORMALES ICH weiter. Wenn mein NORMALES ICH angeschaltet ist,

- ➤ komme ICH pünktlich,
- ➤ arbeite ICH mit,
- ➤ engagiere ICH mich,
- ➤ will ICH den erfolgreichen Abschluss,
- ➤ störe ICH nicht,
- ➤ spiele ICH keine Psychospielchen,
- ➤ behandelte ICH die pädagogische Fachkraft respektvoll.

Aber auch im Alltag zeige ich nicht immer dasselbe (normale) ICH. Wenn ich gestresst bin, Probleme oder Frust habe, zeigt sich plötzlich ein CLOWN-ICH. Wenn mein böses ICH rauskommt, habe ich meine „fünf Minuten", „fahre meinen Film". Dann kann mich keiner mehr runterbringen.

Heute zeigte ich mein CLOWN-ICH. Daher ist Folgendes passiert (**Zutreffendes bitte ankreuzen**):

O Ich habe andauernd mit meinem Handy gespielt
O Ich habe die Fachkraft auf 180 gebracht
O Ich habe rumgeschrien, laut gelacht
O Ich habe versucht, die pädagogische Fachkraft draufzuschicken
O Ich habe allen gezeigt, dass ich keinen Bock habe
O Ich habe_____
O Ich habe_____
O Ich habe_____

Ich habe eigentlich das gemacht, was mein CLOWN-ICH bisher meistens gemacht hat. Jetzt und hier – nach meinen „Spielchen" – ist wieder mein NORMALES ICH „angeschaltet", denn ich bin wieder „runtergekommen". Erst jetzt verstehe ich, was mein CLOWN-ICH vorhin getan hat. Ein bisschen sehe ich jetzt ein, dass ich vielleicht übertrieben habe, fies war usw. Ich verstehe jetzt auch, welche kurzfristigen und langfristigen Vor- und Nachteile mir mein CLOWN-ICH bringt. Jetzt erst kann ich mir Gedanken darüber machen.

Aufgabe: Fülle folgende Tabelle zu deinem CLOWN-ICH aus. Welche kurz- und langfristigen Vor- und Nachteile hat dieses Ich?

	Vorteile	Nachteile
Kurzfristig		
Langfristig		

Jetzt wird mir klar, dass **mein** CLOWN-ICH im Alltag Probleme macht. Wenn es angeschaltet wird, trifft es jemanden, der sich als „Opfer" eignet. Derjenige ist aber NICHT dafür verantwortlich, dass ich jetzt diese Aufgabe erledigen muss.

Nur mein CLOWN-ICH ist dafür verantwortlich! Wenn es nicht diese Person wäre, würde sich mein CLOWN-ICH ein anderes OPFER suchen. Das Problem liegt in MEINEM CLOWN-ICH, nicht bei Person X.

Aufgabe: Beantworte folgende Fragen zu deinem CLOWN-ICH.

Seit wann habe ich mein CLOWN-ICH? Was hat es mir bisher für Vorteile gebracht?

Welche „typische" Situation löst derzeit mein CLOWN-ICH aus?

Was passiert dann in mir und mit mir? (Gefühle, Gedanken, Verhaltenstendenzen, Körperreaktionen)

Wo liegt das eigentliche Problem an dem Konflikt und warum?

Was kann ich tun, damit das nächste Mal nicht mein CLOWN-ICH rauskommt? („Was will ich in Zukunft in einer solchen Situation tun?")

Aufgabe: Gebe dir selbst eine Hausaufgabe auf, die dir dabei hilft, dein CLOWN-ICH besser zu kontrollieren.

Beschreibung meiner Hausaufgabe (etwa: Die nächsten drei Wochen mein CLOWN-ICH unterdrücken).

Diese Probleme können bei meiner Hausaufgabe vielleicht auftreten…

Ich möchte diese Probleme folgendermaßen lösen…

Folgendes möchte ich tun, damit mein GLÜCKLICHES ICH häufiger angeschaltet wird…

Besinnungstext – Machtspielchen

Name des Jugendlichen: _____

Wer bin ich: und wenn ja: wie viele?

Ich denke von mir selbst: „Ich bin ich!" Ich habe Stärken, ich habe Schwächen. Und trotzdem bin ich immer noch ICH SELBST. Punkt.

Nun, das stimmt nicht ganz. Jeder Mensch hat viele Gesichter, Seiten, „Iche". Morgens zeige ich ein anderes Ich als abends. Meinen Eltern und Lehrern gegenüber zeige ich manchmal ein anderes Ich, als meinen Freunden gegenüber. Wenn ich zum Beispiel schlecht drauf bin, spricht mein schlecht gelauntes Ich; dann muss man mich lieber in Ruhe lassen.

Wenn ich mit meinen Freunden Spaß habe, zeigt sich mein freundliches Ich. Ich bin dann nett zu meinen Freunden.

Und wenn ich frustriert bin, zeige ich meistens mein SELBSTERHÖHER-ICH. Ich weiß eigentlich nicht, wann genau mein aggressives Ich angeschaltet ist.

Im Alltag bringt mich NUR mein NORMALES ICH weiter. Wenn mein NORMALES ICH angeschaltet ist,

- ➢ komme ICH pünktlich,
- ➢ arbeite ICH mit,
- ➢ engagiere ICH mich,
- ➢ will ICH den erfolgreichen Abschluss,
- ➢ störe ICH nicht,
- ➢ spiele ICH keine Psychospielchen,
- ➢ behandelte ICH die pädagogische Fachkraft respektvoll.

Aber auch im Alltag zeige ich nicht immer dasselbe (normale) ICH. Wenn ich gestresst bin, Probleme oder Frust habe, zeigt sich plötzlich ein SELBSTERHÖHER-ICH. Wenn mein SELBSTERHÖHER-ICH rauskommt, habe ich meine „fünf Minuten", „fahre meinen Film". Dann kann mich keiner mehr runterbringen.

Heute zeigte ich mein SELBSTERHÖHER-ICH. Daher ist Folgendes passiert (**Zutreffendes bitte ankreuzen**):

O Ich habe eine/einen aus meiner Gruppe fertig gemacht

O Ich habe die pädagogische Fachkraft fertig gemacht

O Ich habe eine/einen aus meiner Gruppe zum Heulen gebracht

O Ich habe aus Langeweile eine heftige Diskussion vom Zaun gebrochen und damit den Alltag gestört

O Ich habe zu einem anderen gesagt, er sei „saudumm"

O Ich habe_____

O Ich habe_____

Ich habe eigentlich das gemacht, was mein SELBSTERHÖHER-ICH bisher meistens gemacht hat.

Jetzt und hier – nach meinen „Spielchen" – ist wieder mein NORMALES ICH „angeschaltet", denn ich bin wieder „runtergekommen". Erst jetzt verstehe ich, was mein SELBSTERHÖHER-ICH vorhin getan hat. Ein bisschen sehe ich jetzt ein, dass ich vielleicht übertrieben habe, fies war usw. Ich verstehe jetzt auch, welche kurzfristigen und langfristigen Vor- und Nachteile mir mein SELBSTERHÖHER-ICH bringt. Jetzt erst kann ich mir Gedanken darüber machen.

Aufgabe: Fülle folgende Tabelle zu deinem SELBSTERHÖHER-ICH aus. Welche kurz- und langfristigen Vor- und Nachteile hat dieses Ich?

	Vorteile	Nachteile
Kurzfristig		
Langfristig		

Jetzt wird mir klar, dass **mein** SELBSTERHÖHER-ICH im Alltag Probleme macht. Wenn es angeschaltet wird, trifft es jemanden, der sich als „Opfer" eignet. Derjenige ist aber NICHT dafür verantwortlich, dass ich jetzt diese Aufgabe erledigen muss.

Nur mein SELBSTERHÖHER-ICH ist dafür verantwortlich! Wenn es nicht diese Person wäre, würde sich mein SELBSTERHÖHER-ICH ein anderes OPFER suchen. Das Problem liegt in MEINEM SELBSTERHÖHER-ICH, nicht bei Person X.

Aufgabe: Beantworte folgende Fragen zu deinem SELBSTERHÖHER-ICH.

Seit wann habe ich mein SELBSTERHÖHER-ICH? Was hat es mir bisher für Vorteile gebracht?

Welche „typische" Situation löst derzeit mein SELBSTERHÖHER-ICH aus?

Was passiert dann in mir und mit mir? (Gefühle, Gedanken, Verhaltenstendenzen, Körperreaktionen)

Wo liegt das eigentliche Problem an dem Konflikt und warum?

Was kann ich tun, damit das nächste Mal nicht mein SELBSTERHÖHER-ICH rauskommt? („Was will ich in Zukunft in einer solchen Situation tun?")

Aufgabe: Gebe dir selbst eine Hausaufgabe auf, die dir dabei hilft, dein SELBSTERHÖHER-ICH besser zu kontrollieren.

Beschreibung meiner Hausaufgabe (etwa: Die nächsten drei Wochen mein SELBSTERHÖHER-ICH unterdrücken).

Diese Probleme können bei meiner Hausaufgabe vielleicht auftreten…

Ich möchte diese Probleme folgendermaßen lösen…

Folgendes möchte ich tun, damit mein GLÜCKLICHES ICH häufiger angeschaltet wird…

Besinnungstext – Mangelhafte Konzentration

Name des Jugendlichen: _____

Wer bin ich: und wenn ja: wie viele?

Ich denke von mir selbst: „Ich bin ich!" Ich habe Stärken, ich habe Schwächen. Und trotzdem bin ich immer noch ICH SELBST. Punkt.

Nun, das stimmt nicht ganz. Jeder Mensch hat viele Gesichter, Seiten, „Iche". Morgens zeige ich ein anderes Ich als abends. Meinen Eltern und Lehrern gegenüber zeige ich manchmal ein anderes Ich, als meinen Freunden gegenüber. Wenn ich zum Beispiel schlecht drauf bin, spricht mein schlecht gelauntes Ich; dann muss man mich lieber in Ruhe lassen.

Wenn ich mit meinen Freunden Spaß habe, zeigt sich mein freundliches Ich. Ich bin dann nett zu meinen Freunden.

Und wenn ich gelangweilt bin, zeige ich meistens mein AUFGEDREHTES ICH. Ich weiß eigentlich nicht, wann genau mein aggressives Ich angeschaltet ist.

Im Alltag bringt mich NUR mein NORMALES ICH weiter. Wenn mein NORMALES ICH angeschaltet ist,

- ➤ komme ICH pünktlich,
- ➤ arbeite ICH mit,
- ➤ engagiere ICH mich,
- ➤ will ICH den erfolgreichen Abschluss,
- ➤ störe ICH nicht,
- ➤ spiele ICH keine Psychospielchen,
- ➤ behandelte ICH die pädagogische Fachkraft respektvoll.

Aber auch im Alltag zeige ich nicht immer dasselbe (normale) ICH. Wenn ich gestresst bin, Probleme oder Frust habe, zeigt sich plötzlich ein AUFGEDREHTES ICH. Wenn mein AUFGEDREHTES ICH rauskommt, habe ich meine „fünf Minuten", „fahre meinen Film". Dann kann mich keiner mehr runterbringen.

Heute zeigte ich mein AUFGEDREHTES ICH. Daher ist Folgendes passiert (**Zutreffendes bitte ankreuzen**):

O Ich habe eine/einen aus meiner Gruppe genervt
O Ich habe den Tagesablauf sabotiert
O Ich bin immer wieder aufgestanden und rumgelaufen
O Ich habe mehrmals rumgeschrien, laut gelacht
O Ich habe Sachen aus dem Gruppensaal rumgeworfen, kaputt gemacht usw.
O Ich habe_____
O Ich habe_____
O Ich habe_____

Ich habe eigentlich das gemacht, was mein AUFGEDREHTES ICH bisher meistens gemacht hat.

Jetzt und hier – nach meinen „Spielchen" – ist wieder mein NORMALES ICH „angeschaltet", denn ich bin wieder „runtergekommen". Erst jetzt verstehe ich, was mein AUFGEDREHTES ICH vorhin getan hat. Ein bisschen sehe ich jetzt ein, dass ich vielleicht übertrieben habe, fies war usw. Ich verstehe jetzt auch, welche kurzfristigen und langfristigen Vor- und Nachteile mir mein AUFGEDREHTES ICH bringt. Jetzt erst kann ich mir Gedanken darüber machen.

Aufgabe: Fülle folgende Tabelle zu deinem AUFGEDREHTEN ICH aus. Welche kurz- und langfristigen Vor- und Nachteile hat dieses Ich?

	Vorteile	Nachteile
Kurzfristig		
Langfristig		

Jetzt wird mir klar, dass **mein** AUFGEDREHTES ICH im Alltag Probleme macht. Wenn es angeschaltet wird, trifft es jemanden, der sich als „Opfer" eignet. Derjenige ist aber NICHT dafür verantwortlich, dass ich jetzt diese Aufgabe erledigen muss.

Nur mein AUFGEDREHTES ICH ist dafür verantwortlich! Wenn es nicht diese Person wäre, würde sich mein AUFGEDREHTES ICH ein anderes OPFER suchen. Das Problem liegt in MEINEM AUFGEDREHTEN ICH, nicht bei Person X.

Aufgabe: Beantworte folgende Fragen zu deinem AUFGEDREHTEN ICH.

Seit wann habe ich mein AUFGEDREHTES ICH? Was hat es mir bisher für Vorteile gebracht?

Welche „typische" Situation löst derzeit mein AUFGEDREHTES ICH aus?

Was passiert dann in mir und mit mir? (Gefühle, Gedanken, Verhaltenstendenzen, Körperreaktionen)

Wo liegt das eigentliche Problem an dem Konflikt und warum?

Was kann ich tun, damit das nächste Mal nicht mein AUFGEDREHTES ICH rauskommt? („Was will ich in Zukunft in einer solchen Situation tun?")

Aufgabe: Gebe dir selbst eine Hausaufgabe auf, die dir dabei hilft, dein AUFGEDREHTES ICH besser zu kontrollieren.
Beschreibung meiner Hausaufgabe (etwa: Die nächsten drei Wochen mein AUFGEDREHTES ICH unterdrücken).

Diese Probleme können bei meiner Hausaufgabe vielleicht auftreten…

Ich möchte diese Probleme folgendermaßen lösen…

Folgendes möchte ich tun, damit mein GLÜCKLICHES ICH häufiger angeschaltet wird…

Weiterführende Literatur

Damm, M. (2010). Praxis der Schemapädagogik. Schemaorientierte Psychotherapien und ihre Potenziale für die psychosoziale Arbeit. Reihe Schemapädagogik kompakt. Band 1. Stuttgart: Ibidem-Verlag.
Das Buch macht schemabasierte Psychotherapien für die psychosoziale Arbeit fruchtbar. Die Grundlagen – Kognitive Therapie, Klärungsorientierte Psychotherapie und Schematherapie – werden dargestellt. Deren Potenziale für folgende psychosozialen Arbeitsfelder werden beschrieben: Schulsozialarbeit, Paarberatung, Sozialpädagogische Familienhilfe, Erziehungsberatung, Strafvollzug (Bewährungshilfe), Streetwork.

Damm, M. (2010). Schemapädagogik im Klassenzimmer. Ein neues Konzept zur Förderung verhaltensauffälliger Schüler. Reihe Schemapädagogik kompakt. Band 2. Stuttgart: Ibidem-Verlag.
Dieses Buch beinhaltet die Grundlagen der Schemapädagogik und den Transfer in den Unterrichtsalltag.

Damm, M. (2010). Schemapädagogik im Klassenzimmer. Das Praxisbuch. Materialien und Methoden für Lehrer und Schüler. Reihe Schemapädagogik kompakt. Band 3. Stuttgart: Ibidem-Verlag.
Dieses Praxisbuch ist als Ergänzungsband konzipiert. Er beinhaltet unter anderem Arbeitsblätter für Lehrer und Schüler sowie Schemafragebögen.

Damm, M. & Werner, S. (2011). Schemapädagogik bei jugendlichen Gewalttätern. Diagnose von Schemata, Konfrontation und Verhaltensänderung. Reihe Schemapädagogik kompakt. Band 4. Stuttgart: Ibidem-Verlag.
Hier werden traditionelle wie neue pädagogische Interventionen vorgestellt, die im Umgang mit jugendlichen Gewalttätern hilfreich sind.

Damm, M. (2011). Handwörterbuch Schemapädagogik 1. Kommunikation, Charakterkunde, Prävention von Beziehungsstörungen. Reihe Schemapädagogik kompakt. Band 5. Stuttgart: Ibidem-Verlag.
In diesem Nachschlagewerk finden Sie relevante Arbeitsbegriffe, die im Rahmen der Schemapädagogik eine große Rolle spielen. Neben den Grundlagen der Kommunikation finden sich auch eine tiefenpsychologisch orientierte Charakterkunde und Interventionen, die der Prävention von Beziehungsstörungen dienen.

Damm, M. (2011). Handwörterbuch Schemapädagogik 2. Manipulationstechniken, Selbstklärung, Intervention. Reihe Schemapädagogik kompakt. Band 6. Stuttgart: Ibidem-Verlag.
Dieser Ergänzungsband komplettiert die vorherige Publikation. Das Buch ist ebenfalls als Nachschlagewerk konzipiert. Neben wichtigen Schemapädagogik-Begriffen wird konkret auf Manipulationstechniken eingegangen, aber auch auf Schemata und Schemamodi, die aufseiten des professionellen Helfers vorhanden sein können.

Damm, M. & Ebert, M.G. (2012). Das Schemapädagogische Selbstkontroll-Training (Sek. 1). Didaktik und Methodik eines neuropädagogischen Konzepts zum Umgang mit schwierigen Schülern. Reihe Schemapädagogik kompakt. Band 7. Stuttgart: Ibidem-Verlag.
In diesem praxisorientierten Buch wird das SSKT vorgestellt. Praktizierbar ist es im Rahmen von Einführungs- (mit Schülern) und auch Studientagen (mit Kollegen). Die beiliegende DVD enthält zahlreiche Powerpoint-Dateien, Arbeitsblätter und Unterrichtsmaterialien. Außerdem werden unterrichtsrelevante Gegenstände aus der Psychoanalyse, Kommunikations-, Sozialpsychologie und Transaktionsanalyse ausgeführt. Ziel der Ausführung ist die Sensibilisierung für psychodynamische Schülermanipulationen und Unterrichtsstörungen sowie der professionelle Umgang mit ihnen.

Damm, M. & Ebert, M.G. (2012). Das Schemapädagogische Selbstkontroll-Training (Sek. 2). Didaktik und Methodik eines neuropädagogischen Konzepts zum Umgang mit schwierigen Schülern. Reihe Schemapädagogik kompakt. Band 8. Stuttgart: Ibidem-Verlag.
Dieser Band beinhaltet das SSKT (Version Sek. 2). Inhalt: siehe oben.

Damm, M. (2012). Persönlichkeitsstörungen in der Schule, Schulsozialarbeit und Jugendhilfe verstehen 1. Schemapädagogik bei Narzissten, Histrionikern, antisozialen und Borderline-Persönlichkeiten. Reihe Schemapädagogik kompakt. Band 9. Stuttgart: Ibidem-Verlag.
In diesem Einführungsband geht es hauptsächlich um Heranwachsende, die im Praxisalltag (a) häufig ausbeuterisch und hochmanipulativ erscheinen (sogenannte antisoziale Persönlichkeiten), (b) selbstzentriert auftreten (Narzissten), (c) dauerhaft emotional-instabil wirken (Borderliner); außerdem (d) dreht es sich um geschlechtsnarzisstische Selbstdarsteller (Histrioniker).

Damm, M. (2012). Persönlichkeitsstörungen in der Schule, Schulsozialarbeit und Jugendhilfe verstehen 2. Schemapädagogik bei paranoiden, schizoiden, sadistischen und selbstschädigenden Persönlichkeiten. Reihe Schemapädagogik kompakt. Band 10. Stuttgart: Ibidem-Verlag.

In diesem Band geht es um weitere Persönlichkeitsstile vor dem Hintergrund des DSM und der ICD, die manche „schwierige" Jugendliche offenbaren. Neben der detaillierten Beschreibung der Charakterzüge werden auch allgemeine und spezielle Strategien zur Beziehungsgestaltung vermittelt.

Damm, M. (2013). Persönlichkeitsstörungen in der Schule, Schulsozialarbeit und Jugendhilfe verstehen. Das Arbeitsbuch. Komplettpaket – Buch, Schemapädagogisches Persönlichkeitstraining (SPT) + DVD – für Vorträge, Fortbildungen und Studientage. Reihe Schemapädagogik kompakt. Band 13. Stuttgart: Ibidem-Verlag.

In diesem Begleitbuch werden die in den einzelnen „Persönlichkeitsstörungen in der Schule und Schulsozialarbeit verstehen"-Bänden behandelten Persönlichkeitsstörungen didaktisch sinnvoll zusammengefasst – und sie fließen ein in neue Arbeitsmaterialien, Powerpoint-Dateien für Fortbildungsveranstaltungen.

Damm, M. (in Planung). Schemapädagogik für Erzieherinnen. Das Schemapädagogische Elterntraining (SET). Mit Begleit-DVD. Reihe Schemapädagogik kompakt. Band 15. Stuttgart: Ibidem-Verlag.

Dieser Band ist für Sozialassistentinnen und Erzieherinnen konzipiert. Er stellt wichtige kindliche Entwicklungsbereiche in der Frühförderung aus Sicht der Neurobiologie dar und beinhaltet eine Powerpoint-Präsentation inklusive Arbeitsmaterialien für interne Fortbildungen und Elternabende.

Damm, M. (in Planung). Schemapädagogik und die Persönlichkeit der Fachkraft 1. Auswirkungen von Persönlichkeitsstilen in der Schule, Schulsozialarbeit und Jugendhilfe. Komplettpaket: Buch, Arbeitsmaterial + DVD. Reihe Schemapädagogik kompakt. Band 16. Stuttgart: Ibidem-Verlag.

Pädagogen bringen ihre Biografie und erworbenen neuronalen Muster (Schemata) mit in den Praxisalltag. In diesem Buch geht es um die Auswirkungen der Persönlichkeit auf den Umgang mit Jugendlichen und Kollegen. Ebenfalls werden Zusammenhänge zwischen Persönlichkeitsstilen und dem individuellen Arbeitsverhalten transparent gemacht und psychodynamisch analysiert. Dieses Buch fokussiert die Fachkraftpersönlichkeit und soll entsprechend die Selbsterkenntnis in Hinsicht auf die subjektive Ausübung der Berufsrolle fördern.

Damm, M. (in Planung). Schemapädagogik und die Persönlichkeit der Fachkraft 2. Auswirkungen von Persönlichkeitsstilen in der Schule, Schulsozialarbeit und Jugendhilfe. Komplettpaket: Buch, Arbeitsmaterial + DVD. Reihe Schemapädagogik kompakt. Band 17. Stuttgart: Ibidem-Verlag.
In diesem Buch werden weitere Aspekte, Auswirkungen und Vor- und Nachteile von Persönlichkeitsstilen im Praxisalltag thematisiert.

Roediger, E. (2009). Praxis der Schematherapie. Stuttgart: Schattauer.
In diesem Fachbuch werden die Grundlagen und einige Erweiterungen der Schematherapie erläutert.

Roediger, E. (2009). Was ist Schematherapie? Eine Einführung in Grundlagen, Modell und Anwendung. Paderborn: Junfermann.
Dieses Buch ist ein guter Einstieg in die Theorie und Praxis der Schematherapie.

Roediger, E. (2010). Raus aus den Lebensfallen. Wie Schematherapie helfen kann. Paderborn: Junfermann.
Hier wird vor allem das Schemamodus-Modell beleuchtet; außerdem wird seine Handhabung aus Sicht der Klienten thematisiert.

Roediger, E. & Jacob, G. (Hrsg.) (2010). Fortschritte der Schematherapie. Göttingen: Hogrefe.
Ausdifferenzierungen der Schematherapie finden interessierte Leser hier.

Sachse, R., Fasbender, J., Breil, J. & Püschel, O. (2009). Grundlagen und Konzepte Klärungsorientierter Psychotherapie. Göttingen u.a.: Hogrefe.
Hier werden die theoretischen Grundlagen und praktischen Arbeitsweisen der Klärungsorientierten Psychotherapie erläutert.

Sachse, R. (2006). Persönlichkeitsstörungen verstehen. Zum Umgang mit schwierigen Klienten. Bonn: Psychiatrie-Verlag.
Dieser leicht verständliche Ratgeber richtet sich an Angehörige der psychotherapeutischen und sozialpädagogischen Berufe.

Young, J.E., Klosko, J. & Weishaar, M.J. (2005). Schematherapie. Ein praxisorientiertes Handbuch. Paderborn: Junfermann.
Dieses Fachbuch ist das Schematherapie-Grundlagenwerk – und ein Muss für alle Schemapädagogen.

Kontakte

Weitere Informationen zur Schemapädagogik (auch als Download) finden Interessenten auf der Homepage des Autors (www.schemapädagogik.de).

Fortbildungen in Schemapädagogik
Am Institut für Schemapädagogik (Worms) werden verschiedene Fortbildungen zur Schemapädagogik angeboten. Auf der oben genannten Homepage werden sie ausführlich beschrieben.

Alle Kontaktmöglichkeiten:

Ansprechpartner: Südwestdeutschland
Institut für Schemapädagogik
Dr. Marcus Damm
Höhenstr. 56
67550 Worms
E-Mail: info@marcus-damm.de

Ansprechpartner: Westdeutschland
AWOLON – Das Trainerkollektiv
c / o Hartmut Gähl
Max-Horkheimer-Str. 4
51377 Leverkusen
E-Mail: gaehl@awolon.de

Ansprechpartner: Norddeutschland
Daniel Nordmann
Schützenstr. 12
31241 Ilsede
E-Mail: daniel.nordmann@yahoo.de

Literatur

Arntz, A. & Van Genderen, H. (2010). Schematherapie bei Borderline-Persönlichkeitsstörung. Weinheim und Basel: Beltz.

Berne, E. (1964/2005). Spiele der Erwachsenen. Psychologie der menschlichen Beziehungen (5. Aufl.). Reinbek: Rowohlt.

Bauer, J. (2007a). Warum ich fühle, was du fühlst (6. Aufl.). München: Heyne.

Bauer, J. (2007b). Prinzip Menschlichkeit. Warum wir von Natur aus kooperieren (3. Aufl.). Hamburg: Hoffmann & Campe.

Bauer, J. (2007c). Lob der Schule. Sieben Perspektiven für Schüler, Lehrer und Eltern. Regensburg: Hoffmann und Campe.

Beck, A.T. (1976). Cognitive therapy and the emotional disorders. New York: International University Press.

Berne, E. (1964/2005). Spiele der Erwachsenen. Psychologie der menschlichen Beziehungen (5. Aufl.). Reinbek: Rowohlt.

Bowlby, J. (1982). Attachment and loss. Attachement (2. Edition.). New York: Basic Books.

Damm, M. (2010a). Praxis der Schemapädagogik. Schemaorientierte Psychotherapien und ihre Potenziale für psychosoziale Arbeitsfelder. Reihe Schemapädagogik kompakt. Band 1. Stuttgart: Ibidem.

Damm, M. (2010b). Schemapädagogik im Klassenzimmer. Ein neues Konzept zur Förderung verhaltensauffälliger Schüler. Reihe Schemapädagogik kompakt. Band 2. Stuttgart: Ibidem.

Damm, M. (2010c). Schemapädagogik im Klassenzimmer. Das Praxisbuch. Arbeitsmaterialien für Lehrer und Schüler. Reihe Schemapädagogik kompakt. Band 3. Stuttgart: Ibidem.

Damm, M. (2010d). Schemapädagogik. Möglichkeiten und Methoden der Schematherapie im Praxisfeld Erziehung. Wiesbaden: VS-Verlag.

Damm, M. & Werner, S. (2011). Schemapädagogik bei jugendlichen Gewalttätern. Diagnose von Schemata, Konfrontation und Verhaltensänderung. Stuttgart: Ibidem.

Damm, M. (2012a). Persönlichkeitsstörungen verstehen in der Schule, Schulsozialarbeit und Jugendhilfe 1. Stuttgart: Ibidem.

Damm, M. (2012b). Persönlichkeitsstörungen verstehen in der Schule, Schulsozialarbeit und Jugendhilfe 2. Stuttgart: Ibidem.

Damm, M. & Ebert, M.G. (2012a). Das Schemapädagogische Selbstkontroll-Training. Sek. 1. Didaktik und Methodik eines neuropädagogischen Konzepts zum Umgang mit schwierigen Schülern. Stuttgart: Ibidem.

Damm, M. & Ebert, M.G. (2012b). Das Schemapädagogische Selbstkontroll-Training. Sek. 2. Didaktik und Methodik eines neuropädagogischen Konzepts zum Umgang mit schwierigen Schülern. Stuttgart: Ibidem.

Damm, M. (2013). Das Schemapädagogische Elterntraining. In: Handbuch für Erzieherinnen, 4-32. München: Olzog-Verlag.

Dehner, R. & U. (2007). Schluss mit diesen Spielchen. Manipulationen im Alltag erkennen und dagegen vorgehen. Campus: Frankfurt a.M.

Dieckmann, E. (2011). Die narzisstische Persönlichkeitsstörung mit Schematherapie behandeln. Stuttgart: Klett-Cotta.

Große Siestrup, C. (2010). Unterrichtsstörungen aus der Sicht von Lehrenden und Lernenden. Ursachenzuschreibungen, emotionales Erleben und Konzepte zur Vermeidung. Frankfurt a.M.: Peter Lang.

Hammelstein, P. (2009). Kognitive Therapie, Schematherapie und Klärungsorientierte Psychotherapie. Vergleich einzelner Aspekte. In: Sachse, R. et al. Grundlagen und Konzepte Klärungsorientierter Psychotherapie, 184–200. Göttingen u.a.: Hogrefe.

Hirblinger, H. (2001). Einführung in die psychoanalytische Pädagogik der Schule. Würzburg: Königshausen & Neumann.

Hormel, U. & Scherr, A. (2010) (Hrsg.). Diskriminierung. Grundlagen und Forschungsergebnisse. Wiesbaden: VS-Verlag.

Imhof, M. (2010). Psychologie für Lehramtsstudierende. Wiesbaden: VS-Verlag.

Joines, S.J. & Stewart, I. (2008). Persönlichkeitsstile. Wie frühe Anpassungen uns prägen (Band 1). Paderborn: Junfermann.

Kasper, H. (2003). Schülermobbing – tun wir was dagegen. München: AOL.

Keller, G. (2010). Disziplinmanagement in der Schulklasse. Unterrichtsstörungen vorbeugen – Unterrichtsstörungen bewältigen (2. Aufl.). Bern: Hans Huber.

Kilb, R., Weidner, J., Gall, R. (2009). Konfrontative Pädagogik in der Schule. Anti-Aggressivitäts- und Coolnesstraining (2. Aufl.). Weinheim und München: Juventa.

LeDoux, J.E. (2001). Das Netz der Gefühle – Wie Emotionen entstehen. Wien: Carl Hanser.

Loose, C., Graaf, P. & Zarbock, G. (Hrsg.). Schematherapie mit Kindern und Jugendlichen. Weinheim: Beltz.

Nowacki, K. (2009). Klärungsorientierte Psychotherapie aus bindungstheoretischer Sicht. In: Sachse, R. et al. Grundlagen und Konzepte Klärungsorientierter Psychotherapie, 165–183. Göttingen u.a.: Hogrefe.

Püschel, O. & Sachse, R. (2009). Eine motivationstheoretische Fundierung Klärungsorientierter Psychotherapie. In: Sachse, R. et al. Grundlagen und Konzepte Klärungsorientierter Psychotherapie, 89–110. Göttingen u.a.: Hogrefe.

Rademacher, H. (2007). Leitfaden konstruktive Konfliktbearbeitung und Mediation. Für eine veränderte Schulkultur. Schwalbach/Ts: Wochenschau-Verlag.

Rautenberg, W. & Rogoll, R. (2008). Werde der, der du werden kannst. Persönlichkeitsentwicklung durch Transaktionsanalyse (16. Aufl.). Freiburg i.B.: Herder.

Roediger, E. (2009a). Praxis der Schematherapie. Stuttgart: Schattauer.

Roediger, E. (2009b). Was ist Schematherapie? Eine Einführung in Grundlagen, Modell und Anwendung. Paderborn: Junfermann.

Roediger, E. & Jacob, G. (Hrsg.) (2010). Fortschritte der Schematherapie. Göttingen: Hogrefe.

Rogers, C. (1972/1999). Die nicht-direktive Beratung (9. Aufl.). Frankfurt a.M.: Fischer.

Roth, G. (2003). Fühlen, Denken, Handeln. Wie das Gehirn unser Verhalten steuert. Frankfurt a.M.: Suhrkamp.

Roth, G. (2007). Persönlichkeit, Entscheidung und Verhalten. Warum es so schwierig ist, sich und andere zu verstehen. Stuttgart: Klett-Cotta.

Roth, G. (2009). Aus Sicht des Gehirns (2. Aufl.). Frankfurt a.M.: Suhrkamp.

Sachse, R. (2001). Psychologische Psychotherapie der Persönlichkeitsstörungen. Göttingen u.a.: Hogrefe.

Sachse, R. (2003). Klärungsorientierte Psychotherapie. Göttingen u.a.: Hogrefe.

Sachse, R. (2004). Persönlichkeitsstörungen. Leitfaden für die Psychologische Psychotherapie. Göttingen u.a.: Hogrefe.

Sachse, R. (2006a). Therapeutische Beziehungsgestaltung. Göttingen u.a.: Hogrefe.

Sachse, R. (2006b). Persönlichkeitsstörungen verstehen. Zum Umgang mit schwierigen Klienten. Bonn: Psychiatrie-Verlag.

Sachse, R. (2006c). Therapeutische Beziehungsgestaltung. Göttingen u.a.: Hogrefe.

Sachse, R., Püschel, O., Fasbender, J., Breil, J. (2008). Klärungsorientierte Schemabearbeitung. Dysfunktionale Schemata effektiv verändern. Göttingen u.a.: Hogrefe.

Sachse, R., Fasbender, J., Breil, J., Püschel, O. (2009). Grundlagen und Konzepte Klärungsorientierter Psychotherapie. Göttingen u.a.: Hogrefe.

Schäfer, C.D. (2006). Wege zur Lösung von Unterrichtsstörungen. Jugendliche verstehen – Schule verändern. Balmannsweiler: Schneider Verlag Hohengehren.

Schmitt-Killian, J. (2010). „Ich mach euch fertig!" Praxisbuch Gewaltprävention. Gütersloh: Gütersloher Verlagshaus.

Schnotz, W. (2009). Pädagogische Psychologie kompakt. Weinheim: Beltz.

Schulz von Thun, F. (2002). Miteinander reden 3. Das „innere Team" und situationsgerechte Kommunikation. Reinbek: Rowohlt.

Siegel, D.J. (2006). Wie wir werden, die wir sind. Paderborn: Junfermann.

Spitzer, M. (2009). Hirnforschung für Neu(ro)gierige. Braintertainment 2.0. Stuttgart: Schattauer.

Taglieber, W. (2005). Berliner Mobbing-Fibel. Was tun wenn. Berlin: Berliner Landesinstitut.

Wagner, R.F., Hinz, A., Rausch, A. & Becker, B. (2009). Modul Pädagogische Psychologie. Bad Heilbrunn: Klinkhardt.

Weidner, J. & Kilb, R. (2008). Konfrontative Pädagogik (3. Aufl.). Wiesbaden: VS-Verlag.

Werner, S. (2013a). Trainingshandbuch Konfliktmanagement. Weinheim: Beltz.

Werner, S. (Hrsg.) (2013b). Mobbing – Opferorientierte Hilfen für Kinder und Jugendliche. Weinheim: Beltz.

Werth, L. & Mayer, J. (2007). Sozialpsychologie. Heidelberg: Spektrum Akademischer Verlag.

Wilson, T.D. (2007). Gestatten, mein Name ist Ich. Das adaptive Unbewusste – eine psychologische Entdeckungsreise. München & Zürich: Pendo.

Winkel, R. (2009). Der gestörte Unterricht. Diagnostische und therapeutische Möglichkeiten (9. Aufl.). Balmannsweiler: Schneider Verlag Hohengehren.

Young, J.E. & Brown, G. (1990). Young Schema Questionaire. New York: Schema Therapy Institut.

Young, J.E. (1999). Cognitive therapy for personality disorders. A schema-focused approach. (rev. Ausg.). Sarasota, FL: Professional Resources Press.

Young, J.E., Klosko, J.S. & Weishaar, M.J. (2008). Schematherapie. Ein praxisorientiertes Handbuch (2. Aufl.). Paderborn: Junfermann.

Young, J.E. & Klosko, J. (2006). Sein Leben neu erfinden. Wie Sie Lebensfallen meistern. Paderborn: Junfermann.

SCHEMAPÄDAGOGIK KOMPAKT

herausgegeben von Dr. Marcus Damm

ISSN 2191-186X

1 *Marcus Damm*
Praxis der Schemapädagogik
Schemaorientierte Psychotherapien und ihre Potenziale für die psychosoziale Arbeit
ISBN 978-3-8382-0040-8

2 *Marcus Damm*
Schemapädagogik im Klassenzimmer
Ein neues Konzept zur Förderung verhaltensauffälliger Schüler
ISBN 978-3-8382-0140-5

3 *Marcus Damm*
Schemapädagogik im Klassenzimmer – Das Praxisbuch –
Arbeitsmaterialien und Methoden für Lehrer und Schüler
ISBN 978-3-8382-0220-4

4 *Marcus Damm und Stefan Werner*
Schemapädagogik bei jugendlichen Gewalttätern
Diagnose von Schemata, Konfrontation und Verhaltensänderung
ISBN 978-3-8382-0190-0

5 *Marcus Damm*
Handwörterbuch Schemapädagogik 1
Kommunikation, Charakterkunde, Prävention von Beziehungsstörungen
ISBN 978-3-8382-0230-3

6 *Marcus Damm*
Handwörterbuch Schemapädagogik 2
Manipulationstechniken, Selbstklärung, Intervention
ISBN 978-3-8382-0240-2

7 *Marcus Damm und Marc-Guido Ebert*
Das Schemapädagogische Selbstkontroll-Training (Sek. 1)
Didaktik und Methodik eines neuropädagogischen Konzepts zum Umgang mit schwierigen Schülern
inkl. Arbeitsmaterialien + DVD – für Eingewöhnungs- und Studientage
ISBN 978-3-8382-0200-6

8 *Marcus Damm und Marc-Guido Ebert*
Das Schemapädagogische Selbstkontroll-Training (Sek. 2)
Didaktik und Methodik eines neuropädagogischen Konzepts zum Umgang mit schwierigen Schülern
inkl. Arbeitsmaterialien + DVD – für Eingewöhnungs- und Studientage
ISBN 978-3-8382-0360-7

9 *Marcus Damm*
Persönlichkeitsstörungen verstehen in der Schule, Schulsozialarbeit und Jugendhilfe I
Schemapädagogik bei Narzissten, Histrionikern, antisozialen und Borderline-Persönlichkeiten
inkl. Arbeitsmaterialien + DVD
ISBN 978-3-8382-0290-7

10 *Marcus Damm*
Persönlichkeitsstörungen verstehen in der Schule, Schulsozialarbeit und Jugendhilfe II
Schemapädagogik bei Paranoikern, Schizoiden, Sadisten und selbstverletzenden Heranwachsenden
inkl. Arbeitsmaterialien + CD
ISBN 978-3-8382-0300-3

11 *Marcus Damm*
Persönlichkeitsstörungen verstehen in der Schule, Schulsozialarbeit und Jugendhilfe III
Schemapädagogik bei passiv-aggressiven, zwanghaften, dependenten und ängstlichen Heranwachsenden
inkl. Arbeitsmaterialien + CD
ISBN 978-3-8382-0310-2

12 *Marcus Damm*
Der schemapädagogische Handwerkskoffer
30 praktische Methoden zum Konfliktmanagement in Schule und sozialer Arbeit
Mit Onlinematerialien
ISBN 978-3-8382-0530-4

In Vorbereitung

Marcus Damm/Mathias Beck
Persönlichkeitsstörungen verstehen in der Schule, Schulsozialarbeit und Jugendhilfe: Das Praxisbuch
Komplettpaket – Buch, Schemapädagogisches Persönlichkeitstraining (SPT)
inkl. DVD – für Vorträge, Fortbildungen und Fachtagungen
ISBN 978-3-8382-0390-4

Sie haben die Wahl:

Bestellen Sie die Schriftenreihe
Schemapädagogik kompakt
einzeln oder im **Abonnement**

per E-Mail: vertrieb@ibidem-verlag.de | per Fax (0511/262 2201)
als Brief (***ibidem**-Verlag* | Leuschnerstr. 40 | 30457 Hannover)

Bestellformular

☐ Ich abonniere die Schriftenreihe *Schemapädagogik kompakt*
ab Band # ____

☐ Ich bestelle die folgenden Bände der Schriftenreihe
Schemapädagogik kompakt
____; ____; ____; ____; ____; ____; ____; ____; ____; ____

Lieferanschrift:

Vorname, Name ....

Anschrift ....

E-Mail... | Tel.: ....

Datum .... | Unterschrift ....

Ihre Abonnement-Vorteile im Überblick:

- Sie erhalten jedes Buch der Schriftenreihe pünktlich zum Erscheinungstermin – immer aktuell, ohne weitere Bestellung durch Sie.
- Das Abonnement ist jederzeit kündbar.
- Die Lieferung ist innerhalb Deutschlands versandkostenfrei.
- Bei Nichtgefallen können Sie jedes Buch innerhalb von 14 Tagen an uns zurücksenden.

ibidem-Verlag

Melchiorstr. 15

D-70439 Stuttgart

info@ibidem-verlag.de

www.ibidem-verlag.de
www.ibidem.eu
www.edition-noema.de
www.autorenbetreuung.de

Printed in Poland
by Amazon Fulfillment
Poland Sp. z o.o., Wrocław